林凡红——著

换个角色做校长

中国海洋大学出版社

·青岛·

图书在版编目（CIP）数据

换个角色做校长 / 林凡红著 . -- 青岛 : 中国海洋
大学出版社 , 2025. 6. -- ISBN 978-7-5670-4186-8

I. G637.1

中国国家版本馆 CIP 数据核字第 2025L2Y060 号

换个角色做校长

HUAN GE JUESE ZUO XIAOZHANG

出版发行	中国海洋大学出版社	
社　　址	青岛市香港东路 23 号	**邮政编码** 266071
出 版 人	刘文菁	
网　　址	http://pub.ouc.edu.cn	
电子信箱	1079285664@qq.com	
订购电话	0532-82032573（传真）	
责任编辑	由元春	**电　　话** 0532-85902495
印　　制	日照报业印刷有限公司	
版　　次	2025 年 6 月第 1 版	
印　　次	2025 年 6 月第 1 次印刷	
成品尺寸	170mm×240mm	
印　　张	11.75	
字　　数	200 千	
印　　数	1~1000	
定　　价	59.00 元	

如发现印刷质量问题，请致电 0633-8221365，由印刷厂负责替换。

　　"横看成岭侧成峰，远近高低各不同。"这是宋代诗人苏轼《题西林壁》中的诗句。这句诗不仅描绘了庐山变幻多姿的美景，更寓意着看待事物时应多角度、全方位地思考。由此想到，教育工作者不正如那探寻庐山真面目的旅人吗？面对新时代复杂多变的教育对象和日新月异的教育环境，我们是否真正做到了从不同视角审视教育，从不同角色践行教育呢？

　　《换个角色做校长》一书，正是在这样的思考背景下应运而生。它不仅仅是一本关于教育改革的理论探讨，更是一次对传统教育管理模式的深刻反思与勇敢突破。在本书中，我们将一同探索教育的多样性和可能性，共同寻找那条通往教育真谛的康庄大道。

　　作为一校之长，校长不仅是学校的领导者和管理者，更是师生心灵的导师和学校文化的塑造者。新时代的校长，不应仅仅满足于做好行政职务上的管理工作，而应深入师生之中，做好角色转换，成为他们成长道路上的同行者和引路人。本书正是基于这一理念，从一位长期从事乡村教育管理的校长的视角出发，以多年的教育经验为内容，呈现了关于学校管理、教育教学及教师专业成长的深刻思考。

　　校长，这个看似简单的称谓，实则承载着沉甸甸的责任与使命。在传统观念中，校长往往被视为学校的"一把手"，负责学校的日常管理和决策。然而，随着教育改革的不断深入和新时代教育理念的普及，校长的角色定位也在悄然发生着变化。新时代的校长，不仅要做好管理者，更要成为思想者、探索者、教育者、研究者、学习者、引领者和设计者。最终，使自己成长为一名充满诗意的教育人，全方位、多角度地走近学生的世界，深入教师的灵魂，用自己的教育思想、人格魅力去影响、去感召、去引领。只有这样，校长才能带领学校紧跟时代步伐，不断适应教育改革的需要，培养出具有创新意识和健全人格的学生。

作为思想者，校长需要时刻反思自我，用思想引领学校发展，确保学校的各项工作有序进行；作为探索者，校长要洞察细微，精准施策，敏锐地捕捉教育发展中存在的问题，为学校的发展提供新的思路；作为教育者，校长要精通业务，努力提升自己的教育水平，用自己的教育情怀去影响师生；作为研究者，校长要与教师一同探索教育的真谛，为学校的发展提供理论支撑；作为学习者，校长要不断学习新的教育理念和管理方法，且行且思且成长；作为引领者，校长要在机遇与挑战中不断超越自我，引领师生共同成长；作为设计者，校长要精心规划学校的未来，打造学校特色，为师生创造一个和谐、美好的教育环境；作为充满诗意的教育人，校长要怀揣对教育的美好憧憬，以浪漫的情怀，引领教师过一种诗意的教育生活，让校园里有诗也有远方。

《换个角色做校长》一书，正是笔者对学校教育的点滴思考。笔者通过几十年的教育实践经验，深刻认识到校长角色的重要性以及转换角色的必要性。在书中，笔者结合自身的教育教学经验及成长经历，探讨了新时代校长角色的多维度探索和实践经验，提出了乡村教育发展的独特视角和思路。

本书中，笔者还详细阐述了校长在培养学生创新意识和健全人格、促进教师专业成长方面的重要作用。通过具体案例，笔者分析了校长在不同角色下的具体行动和策略，为读者提供了参考。这些案例不仅具有针对性，还具有很强的实用性，能够帮助读者更好地理解和应用校长的角色转换理念。

此外，本书还具有很强的可读性和启发性。笔者用平实的语言、生动的案例，将复杂的教育理念和管理方法娓娓道来，让读者在阅读中感受教育的魅力与智慧。无论是对于中小学教育管理者还是对于教师来说，本书都是一本不可多得的参考用书。

总之，《换个角色做校长》一书不仅是对校长角色转换理念的深入阐述，更是对新时代教育背景下校长应具备的素养和能力的全面探讨。它为我们提供了一扇窗口，让我们能够窥见教育的真谛与智慧；它为我们提供了一面镜子，让我们能够反思自己的教育行为与实践。相信通过对本书的阅读，每位教育工作者都能够从中获得启示与收获，共同推动教育的进步与发展。

在新时代的教育中，校长的角色更加多元化和复杂化，需要具备更高的专业素养和引领能力，使学校走向更远的未来。在未来的教育道路上，愿每位校长都能以更加开放的心态和更加务实的行动，不断探索和实践新时代校长的角色定位和发展路径。愿每位教育工作者都能以更加饱满的热情和更加坚定的信念，共同推动教育事业的繁荣和发展。让我们携手共进，为培养更多优秀人才、为构建更加美好的教育未来而努力奋斗！

由于时间紧、任务重，以及笔者水平有限，内容难免有偏颇和错误之处，敬请各位读者批评指正！

林凡红

2025 年 1 月

目录

第八章

诗人：让诗意栖居校园　／　159

第一章

思想者：用思想引领学校发展

　　校长不仅是学校的行政管理者，更是一所学校教育思想的引领者。苏霍姆林斯基指出：校长对学校的领导，首先是思想的领导。校长的办学理念决定着学校教育的发展方向。一个有思想的校长是创办特色学校的前提，只有校长具有独特的见解，才能打造出一所有创造性的学校。

　　教育思想的引领不仅体现在校长对学校的发展规划里，也体现在校长对职业角色的理解和认识上，体现在校长的品行修养上，体现在一所学校的办学思路、教育管理和教育实践上。

　　这就要求校长必须不断加强自身修养，拥有崇高的教育理想和教育情怀，站在时代的前沿，以前瞻性的教育视野、敏锐的观察眼光、灵活的应变能力、高尚的人格修养和丰富的管理智慧，坚守精神的心灵高地，引领师生不断成长。

怎样做个有思想的校长

记得刚刚做校长那几年，常常会因为一些学校事务而手忙脚乱，不是因为事先没有想到，就是因为大家意见不统一，因此耽误了很多时间，出现了难以控制的局面。经验和失败一次次地提醒我要提前安排、事先调查，这让我真正懂得了古人所说的那句话：凡事预则立，不预则废。

我们常说，校长是学校的一面旗帜，是一校之魂。所谓魂，就是思想。苏霍姆林斯基说过，校长对学校的领导首先是思想上的领导。校长的办学理念决定着学校教育的发展方向。一名有思想的校长是创办特色学校的前提，只有校长具有独特的见解，才能打造出一所有创造性的学校。那么，如何做一名有思想的校长呢？

一、要善于学习

一名有思想的校长要善于向书本学习，做到博览群书，海纳百川，取众家之长，补一己之短，洋为中用，古为今用；善于向同行学习，向名校学习，择其善者而从之，其不善者而改之；善于向领导学习，向师生学习，向家长学习，特别是在学校的校风、校训、教风、学风的确立上，一定要博学广问，广泛征求各方面的意见，在继承学校优秀文化的前提下，进行发展创新。

二、要有主见

校长要有自己的真知灼见、自己的办学思想和办学风格，不能人云亦云，朝令夕改，随波逐流，否则这样的校长虽然表面上看起来比较随和民主，人际关系也相对融洽，但是长此以往，教师就会我行我素，缺少向心力、凝聚力和核心文化的引领。

三、要有远见

有远见就是要有前瞻性。校长不同于一般教师，必须有运筹帷幄、决胜千里的能力；要有千方百计、精益求精的工作态度；要有眼观六路、防微杜渐的洞察能力；要有居安思危的前瞻意识。只有这样，校长工作起来才能底气十足、得心应手。如果一名校长抱着做一天和尚撞一天钟的心态工作，那么当他面对纷繁复杂、瞬息万变的教育工作时，势必会乱了阵脚。所以说，校长在工作中要有远见和预见性，凡事做好规划与计划，多思考、多调查，多向群众征求意见，力求将工作安排全面、妥当。

四、要敢于独辟蹊径

校长要敢于创新，敢于打破常规，敢于乱中取胜，敢于平中出奇。校长要想使自己所在的学校有特色，就必须走创新之路。当然，搞特色首先要抓常规，只有常规抓好了，才能谈创新。其次是善于改变视角，反观学校教育，往往最薄弱的地方也是最容易改变的地方，最不显眼的地方或许是最容易创新的地方。再次要结合学校的师资力量和当地教育资源，做到因地制宜、因材施教，物尽其用、人尽其才，方能做到事半功倍，取得理想的办学效果。

五、要善于反省

自古以来，凡是成大事之人，无不把反省作为自我修养的重要手段。曾子曰："吾日三省吾身。"著名教育家叶澜教授说："一个教师写一辈子教案难以成为名师，但如果坚持写三年反思则有可能成为名师。"同样，作为校长，如果只埋头工作，不善于反省，那他很难成为一名优秀的校长。反省，是一种十分优秀的品质，善于反省的人会不断进步。因此，校长必须在工作中养成不断反思、反省的习惯，找到自己的缺点或不足并加以改正，以追求完美的态度做人做事，方能取得学校管理上的成功。

总之，一名校长如果善于学习，又有主见和远见，还能在工作中独辟蹊径、不断反省自我，那他一定会成为一位有魄力、有魅力的校长，一位深得广大师生和家长爱戴的校长。拥有这样的校长，无论对教师、学生来说，还是对家长和社会来说，都是一件幸事。

使命　成就校长的卓越人生

著名作家麦家说，平庸的人有一条命：性命；优秀的人有两条命：性命和生命；卓越的人有三条命：性命、生命和使命，它们分别代表了生存、生活和责任。

校长既是学校的决策者，又是师生的引路人，这决定了校长除了要求自己具有一般意义上的"性命"，还要拥有职业生命，同时拥有敢于付出、奉献、责任和担当的勇气，具有让他人因为自己的存在而快乐的使命精神。

那么，校长如何才能践行好自己的使命，成就自己的卓越人生呢？现结合自己多年来的农村小学校长工作经历简要阐述。

一、怀揣使命的校长是有强烈安全责任意识的校长

安全高于一切，校园安全是学校生存和发展的前提。校长必须时刻将师生的安全挂在心上，关心学生的冷暖，了解他们的衣食住行；制定校园安全管理应急预案，加强师生的安全教育，提高学生的安全逃生应急能力，及时发现和排除校园内的各种隐患，特别是校园欺凌、校园暴力等问题；让每位教职工都明确自己的安全责任，确保每个学生的生命安全。让学生安心、家长省心、领导放心，这是一名校长义不容辞的职责。

二、怀揣使命的校长是虚怀若谷、宽宏大量的校长

"山锐则不高，水狭则不深。"在一所学校里，每位教师都是独特的个体，脾气、秉性、兴趣、爱好等千差万别，各不相同。校长要想使这"一盘散沙"形成合力，就必须用宽阔的胸怀和无私的奉献精神去接受他们、包容他们，方

能将他们凝聚起来。

三、怀揣使命的校长是敢于担当的校长

俗话说，大树底下好乘凉。敢于担当的校长才是有凝聚力的校长，教师和学生才愿意真心接纳。每当学生出现意外伤害时，这样的校长会说："有事找我，我是第一责任人！"检查后有不到位的地方，他会站出来说："我是第一责任人，是我督促不紧，要求不严。"作为一校之长，校长应勇敢地面对各种问题，凡事不把责任推给别人。这样的校长会勇往直前，走在最前面。

四、怀揣使命的校长是甘于付出的校长

甘于付出的校长往往静静地站在幕后，有着流水一般的品质，静默地流向低处，为师生搭建展示的舞台，塑造思想纯净的师生群体，让他们尽情发挥自己的才智，获得充分的成长。这样的校长，贵柔戒刚，虚下守弱，保持沉静，善于坚守一份理想，如水般滋润万物而不与世俗相争；愿处下位，随物成形，顺应自然，净污除垢。

五、怀揣使命的校长是有坚定公平意识的校长

公平、公正，是确保每个人有尊严地活着的重要前提。从国家层面上讲，实施素质教育和均衡化发展，是中国未来教育的发展方向。

如何践行好国家教育的公平与公正呢？作为校长应带头尊重每个学生。严禁体罚和变相体罚学生，更不能歧视那些在智力和生理方面有缺陷的学生，学校的教育要从学生的角度和利益出发，如学生是否亲自参与了校园文化设计，校本课程的开发是否尊重每个学生的内在需求，教育评价的方法是不是实行了多元化的评价方式。总之，教育既要尊重每个学生，又要尊重学生的每个方面，实现有教无类、因材施教、人人成才的教育梦想。让每朵"生命之花"都绽放出绚丽的光彩，让每个生命都变得更加自尊、自信、自立和自强。

六、怀揣使命的校长是精益求精的校长

老子说："天下难事，必作于易；天下大事，必作于细。"善于把小事做精，把细节做亮，凡事追求精益求精，这是怀揣使命的校长的一种追求。"泰山不拒细壤，故能成其高；河海不择细流，故能就其深。"在我们的校园内，总有

一些小事、琐事，如纸团随手扔，墙面胡乱涂，花园有踏痕，路队没秩序，有的校长总能从这些小事做起，把每个学生看作自己的孩子，晓之以理，动之以情，努力拨动他们的心灵之弦，与全体教师一起用心呵护他们的健康成长。坚持实践习惯养成教育，努力在一个个教育细节中，不断完善自我，超越自我，做出精彩，走向卓越。

校长　要学会改变自己

一直以来，校长作为一名教育管理者，平日里思考的更多的是如何影响教师，如何教育学生，如何引领学校发展，如何改变学校的面貌，而很少想到在教育管理过程中如何改变自己。笔者认为，这其实是我们作为教育管理者的一种思想缺失，也是缺乏教育智慧的一种表现。

在教育管理过程中，面对学校纷繁杂乱的诸多事务，会遇到很多矛盾，甚至是很多棘手的问题，如教师老龄化严重，校建工程推进缓慢，个别家长不理解……这些客观矛盾，仅靠校长一人之力在短时间内往往是难以解决的。

为此，不如让我们换种思路看问题，主动改变我们自己，积极寻求问题解决的新思路、新方法。假如我们一直努力改变自己，那么自己就会一天天蜕变，走向成熟。

纵观人类发展历史，那些有所建树的人，与其说他们改变了世界，不如说他们改变了自己，才取得了今天的成就。这就是成功者的心态——面对生活中的困难，用积极乐观的心态去面对，寻求解决之道。

因此，作为校长，要想取得理想的教育管理成效，在管理服务他人的同时，必须学会改变自我，独辟蹊径，积极寻求新观念和新方法，从而在工作中不断取得新的突破和发展。

一、乐观向上　改变服务心态

很多时候，事情本身并不糟糕，关键在于我们怎么想。一个人对事情的态度和看法，会直接影响自己的情绪。

狄更斯说："一个健全的心态比一百种智慧更有力量。"

作为一名校长，工作从来都不是一帆风顺的，常常充满了各种各样的挑战、挫折，甚至失败，但是，只要我们树立乐观向上的心态，拥有一个积极的工作态度，热爱自己所从事的工作、热爱工作岗位，就有希望干好工作、做好教育管理。

三名工人在砌一堵墙。有人走过来问他们："你们在干什么？"

第一个人抬头苦笑着说："没看见吗？砌墙！我正在搬运那些重得要命的石块呢。这可真是累人啊……"

第二个人抬头苦笑着说："我们在盖一栋高楼。不过这份工作可真是不轻松啊……"

第三个人满面笑容开心地说："我们正在建设一座新城市。我们现在所盖的这幢大楼，未来将成为城市的标志性建筑之一啊！想想能够参与这样一个工程，真是令人兴奋。"

十年后，第一个人依然在砌墙；第二个人坐在办公室里画图纸——他成了工程师；第三个人，是前两个人的老板。

这个故事告诉我们，没有不重要的工作，只有不重视工作的人。不同的态度成就不同的人生，有什么样的态度就会产生什么样的行为，从而产生不同的结果。

二、反观自我 改变管理策略

在日常管理中，校长不应以工作之名，去"绑架"任何人。

有一位大师，久居深山，几十年都在苦练移山大法，终于练成了。有人前来拜师，虔诚地向他请教："大师，请问您是用何种神力将大山移开的，我如何才能练此神功呢？"大师笑答道："练此神功非常简单，只要掌握一点就行了，那就是山不过来，我就过去。"

在现实生活中，如果一味地蛮干，不撞南墙不回头，受伤的只会是管理者自己。换个角度看，天地自然宽。只要自己主动做出改变，管理策略灵活一些，让自己去适应环境，就会发现条条道路通罗马。

记得有位老教师曾以迟到而在全校"出名"，与历届校长关系都闹得很僵。后来，当我来到这个学校时，了解到原来他家中有位瘫痪的老母亲，兄妹几个大都在外地，常年只能由他一人照料。听到这消息后，我们学校领导班子首先开会研究，经校委会通过，对凡是由于孝亲而提出的请假，可以额外给予三天事假；同时，在不耽误工作的前提下，上下班时间可以灵活调节。

学校这一小小的改革，使这位老教师无比感动，后来，他主动走到我的办公室激动地握着我的手说："感谢校长的照顾和理解，我一定不耽误工作，把课上好！"

事实证明，这位教师不但把耽误的时间都补上了，而且教学成绩也取得了很大进步，同时，干群间的关系也更融洽了，调动了教师们的工作积极性。

在学校管理中，校长会与各种各样的人打交道，上到领导，下到教师、学生与家长，许多时候与其在别人的生命里指指点点，不如专心经营好自己。真正懂得让自己改变的校长，才是有智慧的校长。

三、育人育己　改变教育德行

记得走上校长岗位一年有余时，我的工作进步得很快，当时学校年度管理业绩还位列全区小学第一，受到了领导的表扬。但我总觉得很不愉快，总感觉与同事之间隔了点什么，平时在学校没有人与我交流，我感到很孤独、压抑。后来，与一名老校长聊起此事时，他告诉我："你不妨主动出击，平时多一声问候、多一点帮助。你没有一点损失，他们却能感受到你的友好。"从此，我逐渐对同事热情起来，也常常参加同事们组织的活动，很快和他们打成了一片，生活也越发充实、快乐。

后来，我才了解到，原来是平日里忙于工作，我常常独来独往，同事们觉得校长"傲气"，对我也就敬而远之了。我也因此对于一线教师的很多情况缺乏了解，长此以往就会影响相关决策。

由此可见，遇事不妨先从自己身上找原因，主动打破僵局，当自己做出改变时，就会发现"别人"也变了，整个世界都变了。

记得著名教育家陶行知先生曾说过："学高为师，德高为范。"校长是学校的标杆人物和师生的引领者，因此，校长不仅要具有广博的知识，更要有高尚的道德。"育人先育己，育己重育德。"校长要想引领教师教书育人，就要先提高自身的职业道德素养。

俗话说，己不正难以正人。因此在实际工作中，校长要严格要求自己。要求教师做到的事，校长首先要做到。思想意识先于管理，校长的意识进步要走在教师之前，时时以自己的模范行为来影响带动教师。例如，要求教师早到校，校长就要每天早到校；要求教师爱岗敬业，校长也要一心扑在教育事业上；要求教师加强师德修养，校长首先要真诚待人，严于律己，宽以待人。

换个视角做校长

作为一名校长，常常会有这种感觉，无论自己多么努力，学校管理还是会出现各种各样的矛盾和问题，即使一项看似非常简单的事情，往往也会引发争议。究其原因，我觉得就是校长在做决策时，没有站在不同的立场、不同的视角谋划学校发展，没有多角度考虑师生的切身利益和内心感受。

校长是一所学校的引领者，这就要求校长要有一双慧眼，时刻站在学校发展的前沿，观察学校，总揽全局，及时发现、解决日常工作中存在隐患，确保学校的发展处于良性循环。

一、要学会俯瞰教育未来

中国教育界泰斗顾明远教授在《未来教育的变与不变》中提出，未来教育将发生六大变革，即教育的概念、教育的认识、教育的内容、学习方式、师生关系和教育评价。随着互联网时代的到来，学校教育也将发生一系列变革，但教育的本质、学校教育和教师教育不会变。

十年树木，百年树人。教育是培养未来人才的途径，面对瞬息万变的信息时代，为顺应时代的变革，作为学校的引领者，校长必须开阔个人眼界，站在时代的前沿和制高点上俯瞰世界、瞭望未来，正确引领学校的发展与教师的成长；以学生的发展为本，高度重视学习方式的变化，突出学生的思维培养和发展，关注学生的生命教育和尊严，变学生被动教育为主动发展，坚守教育者的职业道德情操和社会职责意识，以适应教育变革大潮的到来。相反，如果我们一味地因循守旧、故步自封，势必会被时代淘汰。

二、要学会观察教育世界

在日常工作中，当学生迟到时，我们是否站在学生的角度考虑他为什么迟到？当学生的作业没有及时完成，我们又是否蹲下来问过原因？面对学生打架，我们又是否静下心来站在学生的角度思考过背后的原因？

为此，作为一校之长，必须引导教师从不同角度和视角观察教育、思考问题，进入学生的内心世界，从学生的角度出发，思考其行为产生的原因，保护学生的自尊心、自信心，让教育从此变得不再粗暴，让每个学生的心灵盛开生命之花。

三、要学会发现学生潜能

作为校长，要学会寻找、放大学生的长处。正如罗丹所言，生活中不是缺少美，而是缺少发现美的眼睛。每个学生都藏着你意想不到的潜能，而你所要做的，就是用"放大镜"去观察他们，把这些潜能放大、再放大，那时你会发现，教育细微之处的乐趣，如此之多。

不谋万世者，不足谋一时；不谋全局者，不足谋一域。在基础教育信息化、国际化转型背景下，换个视角做校长，是校长在学校变革中适应时代发展、实现自身角色转变的尝试，它不仅是一种教育管理的智慧，更是一种教育思想的突围。当校长既能立足时代潮头俯瞰未来，又能俯下身姿观察学生，更能以发现的眼光激发生命潜能，学校管理便不再是机械的指令传导，而是充满温度的价值创造。这种视角的转换，不仅能化解管理中的各种矛盾，更能让教育回归"育人"本质——让教师看见成长的多种可能，让学生遇见更好的自己，让学校成为孕育希望的"生命场"。唯有持续切换视角、突破思维边界，校长才能真正引领学校穿越时代浪潮，在变与不变中锚定教育的初心，书写属于师生的美好篇章。换个角度，收获别样的精彩！

谈谈如何提升校长的人格魅力

一名校长的管理能力取决于两个方面，权力因素和非权力因素。权力因素是指他对这个学校的人、财、物的管理支配和使用情况；非权力因素是指校长在日常领导活动中所展现出的人格魅力，具体来讲就是指校长在长期的领导活动中所形成和发展起来的一种独特的力量，这是一名优秀校长的关键所在，它直接影响着校长在师生中的形象和威望。

那么，面对新的教育形式，校长如何才能加强自己的综合素养，提升自己的人格魅力呢？结合自己多年来的工作实践和经验，简单谈谈自己的看法。

睿智。校长是学校的核心人物，不仅是学校的管理者，还是师生的引领者和组织者。学校办学水平的高低很大程度上取决于校长个人素质。常言道，一个好校长就是一所好学校。因此，校长必须是一位睿智的教育者，应具有"站在校门口，面向全世界"的高度，能捕捉到代表时代发展方向的新思想、新观念，善于用批判的眼光、理性的思维去分析教育问题，而不是人云亦云，随波逐流；要兼容并蓄，与时俱进，以独有的办学风格和特色走在教育改革与创新的前沿，以自身先进的教育思想和教育价值观去影响教师，点燃教师教书育人的激情，让教师扬起理想的风帆，明确奋斗的目标和前进的方向。

自律。古人云："其身正，不令而行；其身不正，虽令不从。"校长是全校师生的领导和楷模，其一言一行都对学生有着潜移默化的影响。因此，作为校长，必须加强自律意识，要求教师做到的，自己首先要做到。"法无授权不可为。"校长应自觉遵守政治规矩和工作纪律，依法治校，按规办事。"以责人之心责己，以宽己之心宽人。"校长应严于律己，当好表率，做好榜样，严格要求自己，不搞特权，时时处处严格自律，这样的校长才能为教师做好榜样，赢得师生的信任。

博学。我国著名教育家陶行知先生有句名言："学高为师，身正为范。"学识渊博的校长很容易成为师生"崇拜"的对象，而师生对校长的"崇拜"会转化为对知识的"崇拜"。校长要通读古今，博览群书。特别是当下科学技术迅速发展，人才在竞争，课程在改革，校长必须站在知识的前沿，勤于学习，充实自我，不断在知识结构、文化素养、信息技术等方面深入学习。通过阅读经典，与先哲和大师对话，丰富自己的知识，形成自己的办学理念，形成自己的教育智慧。通过向他人学习、向生活学习、向书本学习、向网络学习，洞察教育的热点、解决学校的难点问题，由此，赢得广大教职工的尊敬和信任。

平和。作为校长要强化服务意识，淡化官位意识，摒弃功利意识，把管理和人的幸福、人的自由、人的尊严、人的终极价值联系起来，公正、公开、公平地对待每位教职工；说话平和，做人低调，具有亲和力，凡事能换位思考，想师生之所想，急师生之所急；既能在工作之余主动深入师生，了解师生的学习与生活，解决他们的困难和困惑，又能向大家敞开自己的心扉，与他们建立深厚的感情，体贴、关怀他人。

宽容。宽容是一种修养，一种气度，更是一种智慧和管理艺术。富有魅力的校长必定是有容人之量的校长，这样的校长能接纳不同的教育思想，鼓励不同的教育理念、不同的教学方法相互碰撞，相互交流，于工作中取人之长，补己之短，善于赞美别人。当然，宽容不是庇护和放纵，更不是软弱和无原则地迁就，它是以柔克刚的坚韧，是水滴石穿的毅力，是灵活变通的智慧，这体现了校长治校管理的公平、公正和灵活。

多才。教师和学生大都希望校长是一名多才多艺的人，其不仅要有哲学家的睿智、经济学家的精明、军事家的灵活，最好还要有像诗人一样的气质、演员一样的才艺，能给人带来生机和活力，这样的校长在管理实践中有着很强的影响力和感染力。当然，除了这些之外，校长还必须具有总揽全局、果断决策、知人善任、组织协调、善于沟通的能力和一定的文字写作及口头表达能力。总之，一位优秀的校长应是教育领域的行家里手。

爱心。爱心是一切高尚行为的源泉，更是一个人的魅力所在。爱是教育的灵魂，没有爱就没有教育。一位好校长必然是一位具有教育情怀的人。爱学校、爱教师、爱学生、爱自己从事的这份事业，把工作看成实现自己人生价值的一种体现，具有崇高的责任感和使命感，凭借这份爱心赢得广大师生的爱戴。感人心者，莫过于情。面对教职工的各种生活问题，校长要口勤腿勤、主动关心、走访问候，让他们感受到学校的温暖。

乐观。富有魅力的校长必定是具有积极的情绪、健康的心态和乐观的想法的人。他们工作热情大方、乐观向上，充满自信，具有很强的凝聚力和向心力。遇到困难时，不怨天尤人，不以物喜、不以己悲，无论在何种情况下都能保持积极向上、百折不挠的心态；不推诿，不消极，千方百计地化劣势为优势，带领师生跨越低谷，走出困境，迎接挑战，用自己的热情和信心不断唤醒和点燃每位师生。

儒雅。校长应具有良好的气质和外在形象，衣着得体，举止优雅，语言幽默；做事有分寸，做人有礼节，胸中有学生；既有君子之风范，又不乏少年之意气，给学生一种强大生命力的感召，让人易于接受，喜欢亲近，听其指挥。

高尚。校长是学校的核心人物，校长的道德水准和思想品格直接影响着每位师生。因此，一名具有人格魅力的好校长，首先应该是一个有着高尚人格的人。他应该注重人格修养，讲究职业道德和个人信誉，注重仪表仪态和谈吐，积极塑造个人良好形象。其次，要有政治修养，能客观公正地选人用人，牢固树立公仆意识，始终把学生放在第一位。再次，要有伦理道德，遵守社会公德和家庭美德，廉洁从政，自觉抵制各种腐朽思想的侵蚀。

总之，校长的人格魅力，对教职工具有十分重要的影响。提升和塑造校长的人格魅力对于树立校长的形象和威信、实现现代化学校校长的高效管理，具有十分重要的意义。作为新时代的教育管理者，校长必须增强自身的综合素养和人格魅力，努力提高在管理活动中的作用。

校长的幸福源自哪里

现代教育理论认为，教育的终极目标就是培养和提升人的幸福感。要想达到这一境界，作为学校的领军人物，校长首先要具有一种高度的职业幸福感。

那么，校长的幸福究竟源自哪里？

笔者认为，校长的幸福源自阅读，源自写作，源自奉献，源自充满阳光的心态，源自与师生的共同分享，源自社会和家长的高度赞誉，源自事业成功带来的那份快乐。作为校长，当他把自己的理想和追求与学校的工作紧密联系在一起，真正意识到自己所做的一切关系到师生幸福、学校兴旺乃至科教兴国的伟大事业时，才会充满激情，倍感幸福，意识到自身的价值所在。

多年来，我勤于阅读，乐于写作，甘于奉献，以积极阳光的心态面对教育和生活，努力提升个人素质，在教育逐梦的路上，感受着这份职业给我带来的幸福与成长的快乐。

幸福源于阅读。与书香相伴，享受职业的幸福；与好书相伴，品味成长的快乐。希腊诗人米南德说："学会学习的人，是非常幸福的人。"记得小时候，生活在大山里的我，常常会因为能借到一本小人书而高兴好一阵子，总是翻来覆去地看了一遍又一遍。长大后，当我心情郁闷时，总会打开书本寻求疗伤的"药方"，书籍让我豁然开朗，书籍带我走出人生的低谷。如今，我每天都会坚持读书，夜深人静，挑灯夜读，心醉书香，不断地充实自我。博学让人开阔，多闻让人开放，常思让人创新。鲜活的知识能够让校长的思想灵动而丰富，含蓄而深沉，内心充满愉悦和幸福。

幸福源于写作。思想的火花是转瞬即逝的，而写作却能把这些火花具象化。

不断地阅读和丰富的实践引发了我无尽的思考，思绪常常在静默中渐渐清晰，特别是在对"齐鲁名校长"人选培养的几年里，时常有种不吐不快的感觉。于是，在静静的深夜，我打开电脑，轻敲键盘，万千思绪顷刻间流淌于指尖。看着自己的文稿成为散发着墨香的作品时，心中升起无比的满足和幸福。是写作让我把外部的经历，转化为了内在的财富，既留给了自己一份珍贵的纪念，又为他人提供了借鉴；既丰盈了自己的内心，也点燃了生命的激情。

幸福源于课堂。一位好校长要能上得了课堂，下得了"厨房"；既能时刻关心学生，又能尽心服务师生，做好后勤工作。我从教三十二载，做校长也有十几年，但从没离开过课堂。在我看来，课堂是教师生命绽放的舞台，是教师挥洒智慧的地方。作为校长，要始终站在让学生幸福的高度上谋划学校发展，探究课堂教学，转变教学方式，减轻不必要的课业负担，开展各种学生喜欢的课程活动，既要让校园生活丰富多彩，又要把课堂作为学校一切工作的出发点和落脚点，让师生在轻松快乐的课堂参与和体验中感受学习的快乐，享受幸福的时光。

幸福源于赏识。赏识是一种智慧，一种包容，一种气度。美国心理学家威廉·詹姆斯说："人性最深刻的需要就是希望别人对自己加以赏识。"作为校长，要学会用欣赏的眼光和视角去看待他人，学会为师生的成功和进步而喝彩。赏识教师，让赏识伴随教师成长；赏识学生，助力学生谋求更大进步。感人心者，莫过于情，而情就体现在赏识中。校长既要赏识那些优秀教师，同时更要赏识那些"幕后工作者"。赏识教师，就是要信任教师，该放手时要放手，该给空间时要留出空间，力求在管理中少一点强制、多一点尊重；少一点疑虑，多一点信任。赏识学生，就是要善于发现学生的优点和长处，必要时用"放大镜"来观察那些微不足道的闪光点。

幸福源于奉献。校长要拥有自己的理想和教育情怀，将无私的爱奉献给教师，奉献给学生，奉献给校园。培养一群天真烂漫的学生，给学生一个幸福的童年；造就一支阳光向上的教师队伍，给教师职业认同感，建设一所让师生快乐学习、幸福成长的精神家园。当有教师生病时，校长可以亲自探望，让教师感受到亲人般的温暖；当留守儿童家中遇到困难时，校长可以第一个伸出援手，让学生享受到父母般的关怀……这样的校长总会静静地站在幕后，为师生搭建展示的舞台，无怨无悔地付出。在这样的学校里，学生是幸福的，教师是幸福的，校长又何愁不是幸福的呢！

幸福源于心态。幸福是一种态度，一种心境。校长要保持乐观进取的心态，给自己一份轻松的心情。踏踏实实做事，坦坦荡荡做人；顺境时不骄不馁，不贪图安逸；失败时不怨天尤人、责备他人。作为校长，选择了教育，就是选择了理想，选择了坚守。守一方净土，以淡然的心态尽职尽责，带领教师潜心工作，帮助学生幸福成长。只有校长满怀对教育的无限热爱，用爱心去浇灌每颗心灵，才能获得爱的回报，得到教师、学生、家长和社会的认可，成为一个真正幸福的人。作为校长，只有做最简单的自己，珍惜所拥有的一切，保持乐观的心态，常怀感激之心，常存感激之情，才能体验到生活带来的幸福。

幸福源于成功。老子说："合抱之木，生于毫末；九层之台，起于累土；千里之行，始于足下。"这句话道出了成功的真谛。幸福是一次次在工作中获得成功的快乐，是一次次与亲爱的人分享喜悦的过程。清晨，当我捧着奖牌行走在校园的林荫小道，迎着金色的阳光，仰望着学校高大的教学楼，面对着一张张充满稚气的笑脸时，一种无比充实的感觉涌上心头，我感到无比的幸福！人最大的幸福莫过于实现自己的梦想，证明自己的价值所在。因此，平日里，无论是教师拿到了优质课的获奖证书，还是学生取得了小小的演出胜利，我都会给予掌声，给予鼓励，给予祝贺。多年来，我用激情激励着教师们不断奋斗，同时，教师和学生的成功又感染了我，幸福弥漫在整个校园。

我想，教育是缔造幸福的事业。只有校长自己感到幸福了，才能感染和带领师生去追求幸福和享受幸福。作为一名校长，要用漫长的时间、以博爱的胸怀和积极的心态去履行好自己的职责，才能无愧于自己的人生，无愧于自己的事业，无愧于这个时代赋予自己的光荣而又伟大的使命。

【案例链接】

事说无为而治

新学期伊始，我被调任至另一所乡村完全小学担任校长。这所小学距离乡镇驻地约二十里的路程，全校师生不过四五百人，整个学校显得小巧精致。然而，正如古语所云："麻雀虽小，五脏俱全。"即便在这样一所小规模的学校里，各项管理与工作也丝毫不能马虎。教师、后勤人员、安全人员等，一应俱全，每项工作都需要精心策划与妥善处理。

一、问题与挑战

开学之际，总务主任因家事请假，未能到校履职。为此，作为一校之长，我不得不亲自处理各项繁杂的行政事务，忙得不可开交。有时，一天下来连一口热水都来不及喝。其中的原因，一方面是由于乡村小学行政管理人员相对较少，另一方面则是我事必躬亲。久而久之，学校师生已经习惯于将大小事务都交给我处理，无论是洗手间水龙头坏了，还是教室门锁打不开，甚至是学生碰伤了，都会第一时间来找我。

然而，令我诧异的是，这种管理方式并未带来预期的效果。一些教师要么上课迟到，要么课间操拖拖拉拉，已然跟不上信息化时代的快节奏，这让我倍感疲惫与无奈。我时常反问自己，问题究竟出在哪里呢？是自己的管理理念不对，还是管理方式不当？是学校对教师的要求过于苛刻，还是教师的职业道德有待加强？

二、反思与启迪

在疲惫之余，我陷入了沉思，猛然间想到了"无为而治"这一古老的管理理念。我上网查阅了一下，发现"无为而治"出自《道德经》，是道家的一种治国理念。老子认为："我无为，而民自化；我好静，而民自正；我无事，而民自富；我无欲，而民自朴。"他强调"无为才能无不为"，即不过多地干预，充分发挥民众的创造力，实现自我管理与自我发展。

这一理念让我深受启发。我开始反思自己多年来的管理工作，发现自己在无形中过于担心教师缺乏责任心，从而事必躬亲，过多地打扰和干涉了教师的教学工作。这种管理方式让师生无法静下心来沉淀自己。全国优秀班主任高金英曾说："静下心来教书，潜下心来育人。"教书育人是需要一片宁静的"土壤"的，只有让师生拥有足够的自由与空间，最大限度地调动每个人的积极性，才能充分发挥各自的创造力与潜力。

三、实践与应用

鉴于"无为而治"这一理念，我认为，作为一名校长，理应摒弃那些烦琐陈旧的管理方式，放眼未来，总揽全局，实现高效管理与人文关怀并重的管理方式。

（1）尊重教师的独立人格与培养责任意识。为实现教育目标，校长需要关注师生的个性特点和心理需求，致力于培养他们的责任感和自我价值意识。在充分信任教师的前提下，应给予他们足够的自主权与决策权，让他们能够根据自己的实际情况与教学经验进行教学设计与管理。与此同时，要加强对教师的职业理想培训与教学技能辅导，不断提升其专业素质和责任感，确保他们能够更加出色地完成自身职责和使命。

（2）激发师生的创造意识与培养自主能力。对于教师的潜力，校长应该始终保持坚定的信心，并通过各种途径来激发他们的创造性思维和独立工作能力。学生作为学校教育的核心，实现他们的进步与发展是学校教育的终极目标。因此，倡导学生积极参加各类实践活动和社团，培育学生的自我意识与自我管理能力，促使他们掌握独立学习、独立思考和独立解决问题的方法，才能为学校注入强劲的发展动力。

（3）遵循教育教学规律与实现以德治学。符合教育教学规律，是实现以道德为基础的学习的前提。教育教学是一项复杂而系统的工程，它具有独特的内在规律和特征。因此，深入探讨教育教学的规律与特性，拟定切实可行的教学方案与教学计划，是十分必要的。同时，我们还需培育教师对教育理念与教学策略的创新及实践能力，使其能够有效地满足教育不断变革与进步的要求。

（4）给师生充足的空间与培养自主意识。自由是创造与创新所必需的前提条件和基础。只有当教师和学生拥有充分的自由和空间时，他们才能真正地发挥自己的创造潜能。重视教师与学生的独特性要求，并赋予他们充足的自主权和决策权。强化对他们的指导与引导，助力他们确立正确的价值观和人生观，这不仅有助于推动学校全方位发展，同时也能为学校的管理带来更加积极的影响。

（5）健全管理制度与实现以制度管人。为了完善各类管理体系，我们需要以制度来约束人们的行为。因此，有必要构建全面的学校管理框架及运作模式，确立各项任务的责任与规范，强化机制实施和监管的力度，保证各项规定得到有效执行和落实，使大家自发地遵守学校各项规章制度与规定。这样不仅可以提升学校的教育管理质量和效率，还能够为师生营造一个更为公平、合理的环境和学习氛围。

（6）创建积极向上的文化氛围与实现以文化人。文化建设是学校教育的重要因素。当学校具备积极向上的文化环境时，教育管理工作才能具有更加深远的影响。因此，有必要重视校园文化的塑造与传承，强化对师生文化素质和人文精神的培育。适时对教师和学生进行思想启迪与价值引导，帮助他们构建正确的世界观、人生观、价值观，这不仅能推动教育者的全面成长，还能为学校的教育管理带来更为积极的发展效能。

综上所述，"无为而治"的管理思想为我们的教育实践工作提供了全新的视角，对我们今后在教育教学中塑造正面积极的团队氛围，实现以人为本、以德治校、求真务实的教育目标，增加了更多可能性。

第二章

探索者：聚焦教育教学的痛点

　　教育教学的痛点是指教育教学领域中长期存在且亟待解决的关键问题，这些问题严重影响着教育教学的质量和效果。它不仅制约了教育公平的实现，还阻碍了学生的全面发展。解决这些痛点，对于提升教育质量、促进学生成长具有重要意义。

　　校长作为教育的管理者和决策者，其思想和行动对于这些教育教学痛点问题的解决具有举足轻重的作用。因此，校长需要以探索者的眼光密切关注这些痛点，既要把握大局，又要明察秋毫，聚焦分析和研判教育过程中存在的各种矛盾和问题，并采取有效措施加以解决，及时化解教育教学中各种潜在的不利因素，推动教育的持续发展和进步。

教师职业倦怠的成因及对策

在快速发展的现代社会中，教师作为知识的传播者和灵魂的工程师，承担着培养未来社会栋梁的重任。然而，随着教育改革的不断深化和社会期望的不断提高，教师群体中出现了一种令人担忧的现象——职业倦怠。教师职业倦怠不仅关乎教师个人的身心健康，更直接影响到教育的质量和学生的成长。因此，深入探讨教师职业倦怠的成因、影响及对策，对于促进教育事业的健康发展具有重要意义。

一、教师职业倦怠的成因分析

教师职业倦怠是指教师在长期的教育教学过程中，由于各种原因逐渐失去对工作的热情和兴趣，产生厌烦和消极的状态，是一种常见的职业倦怠现象，当教师陷入这种状况时，不仅会影响他们的教学技能和成果，还会对教育团队的稳定性及提升教育品质产生不利影响。

（一）动机缺乏型

在教育领域，有些教师并非因为工作负担过重或任务复杂度过高而产生疲劳，而是从内心深处缺乏对工作的热情和动力。在某种程度上，他们或许会对自身的职业选择产生疑虑，或是对教育领域的未来发展感到困惑。在教育过程中，有些教师缺乏自我激励的能力，导致其在教学活动中表现出消极性和创新力不足的情况。他们仅仅是维持现状，却没有积极寻求改善，同时可能产生逃避和消极的情绪。

（二）情绪衰竭型

教师的工作具有重复性和单调性的特点，每天面对枯燥的教学内容，很容易产生审美疲劳和情感衰竭。此外，随着社会竞争的加剧和家长对子女教育期望的提高，教师的工作压力也在不断增大。这种压力使得部分教师逐渐失去了对工作的热情和耐心，以消极、麻木的态度对待教学对象，甚至出现情感衰竭和身体问题。

（三）低成就感型

在教育行业中，教师的付出与回报往往难以成正比。一方面，教师需要投入大量的时间和精力来备课、上课、批改作业和辅导学生；另一方面，由于教育评价体系的复杂性和不确定性，教师的努力并不一定能够得到相应的认可和回报。这种付出与回报之间的不平衡感使得部分教师产生了低成就感，对自己工作的意义和价值评价下降，工作效率也随之降低。

二、教师职业倦怠的影响

（一）影响教师队伍的稳定

教师职业倦怠可能会引起教师工作热情与兴趣的减退，进而导致其产生逃避和厌烦的情绪。当教师群体中出现大量职业倦怠现象时，教师队伍就会士气低落，从而对教育事业的持续健康发展产生负面影响。

（二）降低教学质量

教师职业倦怠会导致教师在教学工作中缺乏主动性和创造性，只是勉强维持现状，其对教师的教学过程会产生负面影响，其中包括对教师自身及对学生的影响。此类消极的职业心态不仅会对教师的授课成果和学生的学业表现产生负面影响，还可能导致其教学水平的下滑。一旦教学质量下降，就会对学生的素质培养以及成长潜力产生负面影响。

（三）影响教育教学的改革

教师职业倦怠可能使教师对教育教学改革的热情与积极性减退，从而影响教育教学质量。他们可能会认为改革既非必要也无成效，从而消极对待改革事业。消极的心态不仅会对教育教学改革产生干扰，也会阻碍教育事业的发展壮大。

三、教师职业倦怠的对策

对于教师职业倦怠现象，我们应当采取主动的态度，制定相应对策进行干预。

（一）制定合理的工作目标

在教育行业中，目标是一种推动力量，能够促使教师朝着既定目标努力，为实现这一目标投入精力和时间。合适的工作目标能够激发教师的内在欲望，并激发他们的工作热忱。通过设定合理的工作任务，可以满足教师的自我驱动需求，从而提高他们的工作效率和教学质量。学校和教育行政部门应根据教师的实际状况和教学需求，制定合理的工作目标和教学计划。这些目标应既具备挑战性，又具备实现的可能性，从而激发教师的内在动机与创新精神。建立科学的评价体系和激励机制，对教师的付出和取得的成果给予充分的认可和鼓励。

（二）保持积极的心态

在面对职业疲惫时，积极的心态具有关键性的作用。调整心态，保持积极乐观的精神状态，这是教师需要学习的重要技能。作为教育工作者，我们应该时刻保持积极乐观的心态，掌握如何自我舒缓和降低压力，避免产生过度紧张和焦虑情绪。同时，还需掌握与他人沟通协作的技巧，并在适当的时候寻求援助与支持，通过维持乐观的心态和良好的人际关系来应对职业生涯中的困难和压力。

（三）建立良好的人际关系

人际关系是教师工作中不可或缺的一部分。良好的人际关系不仅有助于教师了解他人、提高自信心和掌握工作技巧，还能够避免因人际关系产生的心理上的挫败感。教师应当主动构建和谐的社交网络，涵盖同行合作、师生互动以及家校沟通等多方面。在与同事相处的过程中，要学会尊敬和理解同事，彼此合作和鼓励；在与学生共处的时间里，要注意学生的需要和心情，形成良性的师生关系；在与家长相处时，要主动寻求共同点，建立良好的互动关系，为学生的成长和发展提供支持。

（四）加强职业道德修养

职业道德修养是教师职业素养的重要组成部分。教师通过强化职业道德培养，能够明确自身的职业标准、体验职业精神并获得职业满足感。因此，教育机构与相关部门应致力于强化对教师队伍的职业道德教育及培训工作，引领其建立恰当的职业认知与价值观。同时，还应当激励教师积极投身社会实践和公益事业等领域，以增强自身的社会责任感和奉献意识。通过实施这些策略，教师能够更有效地满足教学需求，提升自身的专业素质。

（五）创新教学方法和手段

采用创新教学策略与工具，能够激发学生对学习的热情及参与度，从而提升教学成果和学业成绩。自主学习是促进个人发展的重要途径之一，它能够激发学习者的内在动力，提高他们的自我管理能力和学习效率。在这个过程中，个体需要具备一定的知识基础和技能水平，以便更好地适应教育环境，并在学习中取得更好的成果。为了实现这一目标，我们需要构建一个全面的教育体系以及各种形式的教育活动，如课堂教学、实践活动、研讨会、讲座、竞赛等。此外，我们还需要加强教育管理，以确保各级教育机构能够按照既定目标和要求进行运作，同时也要注重培养学生的综合素质和创新精神。

（六）关注教师的心理健康

学校和教育管理机构应重视教师的心理健康状况，并提供适当的援助与支持。为了提高教师的心理健康水平，可以采取以下措施：设立心理健康咨询服务点，举办心理健康教育课程，以及开展心理调适技能培训。同时，应当倡导教师积极投身于体育运动、文化娱乐等有益于身心健康的活动中，以减轻其工作压力和焦虑心情。

此外，我们还可以从以下几个方面来预防和应对教师职业倦怠。一是提高教师的工作效率和教学质量，通过实施教育改革，优化课堂教学流程，增加教学资源的投入。二是加强教师专业发展培训，提升教师的教学能力和科研水平。三是增加教师福利待遇，改善教师的工作环境和生活条件，提高教师的幸福感和满意度。四是建立健全的教师评价体系，合理评估教师的教学表现和职业成就，激发教师的工作积极性和创新精神。五是强化学校管理层与教师之间的沟通与合作，形成有效的支持网络，为教师提供必要的帮助和资源。六是推进教育公平，减少教育资源的不均衡分配，确保教师能够享有公平的职业发展机会和相似的工作条件。

　　总之，教师职业倦怠是一个复杂而严峻的问题，需要我们用多种方式来预防和应对，才可有效缓解和消除教师的职业倦怠现象，促进教育事业的持续健康发展。

农村小学数学学困生存在的问题及对策

学困生，顾名思义就是学习有困难的学生，是指那些智力、身体正常，而学业成绩偏低、学习上存在较大困难的学生。每个学生的背后都有父母期待的目光，每个学生都是家庭和社会的希望，每个学生的现在都将影响着国家的未来，其意义不可小视。这就需要我们在教育教学过程中要因材施教，善待每个学生。结合本人多年在农村小学担任校长的经验，我认为数学学困生的形成主要有以下四个方面的原因，现针对这些问题提出一些不成熟的看法及对策。

一、成因分析

（一）家庭影响

父母是孩子的第一任老师，学校教育离不开家庭的配合。特别是学习数学，需要学生具有独立思考的能力，需要与他人一起探讨以加深印象，需要做一定数量的习题来巩固知识点，但是多数学困生往往没有这样的条件。有的学生由于父母离异，经济困难，生活环境恶劣；有的学生因父母外出打工管教缺位，得不到来自父母的教育和支持；有的家长从小对孩子娇生惯养，过分溺爱，放任自流，对孩子的学习从不过问；有的父母期望值过高，对孩子的学习现状不满，教育方法简单粗暴。

（二）社会影响

社会环境对学生的影响既有积极的，也有消极的。一些学生在耳闻目睹了一些社会不良风气后，不思进取，贪图享乐，厌学逃学，课堂上无心听讲，这也是学困生的成因之一。

（三）学校教育

知识缺陷是学困生的直接成因。农村小学由于受师资素质、办学条件及教育大环境的影响，某些教育理念落后，重优轻差现象普遍存在。数学学科的系统性决定了其对学生基础知识的要求较高。如果学生对数学概念不清楚，势必影响新知识的学习。而学困生一般都存在知识漏洞，有时虽然也努力了，但由于之前所学的内容不扎实，所以经常出现听得很明白却不会做题的现象。因此导致其出现恶性循环，自尊心受到极大伤害，存在严重的自卑心理。

（四）个人素质

由于每个学生的先天遗传、家庭教育、生活环境、个人经历等不尽相同，所以其性格、智力、能力、体力等相差巨大。例如，在非智力因素方面，有的学生缺乏自信心，对学习不感兴趣，怕苦怕累，没有毅力；有的学生存在心理问题，厌学、弃学；有的学生基础差，要赶上来很难；有的学生学习态度不端正，没有形成良好的学习习惯。

二、转化对策

（一）树立爱心意识

对学困生充满爱心的教师才是一名好教师。教师只有对学生充满爱心，才能积极地去辅导他们的功课，才有辅导的动力，才有希望把学困生转化为优秀生。古人云，亲其师，信其道。学生喜欢某个老师的同时也会喜欢他的课，这门功课的成绩通常也会好起来。当学生感受到教师的关心时，他会更愿意接近你，那么将学困生转化为优秀生的成功率也就越高。

（二）勤于辅导

数学学困生之所以学习困难，原因是多方面的，但其基础差是事实，不会学也是普遍现象，学不懂则是必然结果。因此，不仅要调动这部分学生的积极性，更重要的是给他们切实的帮助，使他们摆脱学习困难的状态。当然，在学困生辅导工作中最棘手的是家长的配合问题，在农村，许多家长还没有真正认识到知识的重要性，学生的学业对有些家长来说是无关紧要的事，所以利用课余时间进行辅导并要求家长配合接送有时是不实际的。因此，教师必须调整辅导的策略和时间，借助电话和家长加强沟通。一是提前渗透，把要讲的内容提前告诉学生，并提出问题进行引导，使学生在预习时目的明确；二是课后辅导，力争使学生把当天所学的知识消化吸收。

（三）激发学习兴趣

兴趣是最好的老师，是挖掘学困生学习潜能的"钥匙"。因此，教师首先应加强教学的直观性，使学生理解知识点的概念、性质，吸引其注意力；其次，教师可以改进教法，通过游戏法、尝试法、动手操作法等，让学生说一说、听一听、摸一摸、闻一闻，投入有角色、有情节的学习活动中，在情景交融中唤起学困生对学习的兴趣；再次，教师应教授科学的学法，许多学困生对概念、公式死记硬背，不愿动脑思考，遇到问题就问老师和同学。遇到这种情况，教师应耐心引导他们分析问题，启发他们思考问题。

（四）培养学习习惯

学生要想取得好成绩，具备良好的学习习惯是至关重要的。学困生大多有不良的学习习惯，缺乏正确的学习方法。新课标指出，数学教学是数学活动的教学，首先应培养学生良好的数学学习习惯。良好的学习习惯不仅包括上课坐好、举手发言等外在形式，更重要的是逐步引导学生学会独立思考，敢于提问，认真倾听别人的意见，勇于表达自己的想法，乐于与人合作，养成用心做题、仔细检查等内在的学习品质。在教学中，教师应根据学困生的特点，采取有效的措施，有意识地进行训练和培养。当学困生在学习习惯方面有进步时，要及时鼓励，针对他们的特点，因势利导。

总之，学困生的转化教育很难一劳永逸，也不可能一蹴而就，它是一个长期、反复的教育过程。我们唯有在情感上、方法上、教育上多给予学困生帮助，才能使学困生重拾信心，取得进步。

莫让教育成为校园的"装饰品"

2019 年 3 月 16 日，我有幸作为"齐鲁名校长"入选考察了北京师范大学实验小学，当我走进这所历经半个多世纪的小学时，心中泛起层层波澜，引起我无尽的思考。

经吴校长介绍，我们得知这所学校创建于 1958 年，有三十二个教学班，一百六十多名学生，一百二十多名教职工，校内藏书 13.8 万册。学校设有开放式阅览区，每年组织学生进行捐书活动，图书日借阅量达百余册。

吴校长戴着一副眼镜，给我的感觉十分平和儒雅，带着一种令人不可抗拒的魅力，讲起话来非常具有亲和力，看上去五十岁左右，我想这所学校必定凝聚了他不少心血和思想。

吴校长从学校基本情况讲到学校的办学初衷，从教师的专业发展谈到未来学校的发展趋向，以及面对这些挑战时他的所思所想。不难看出，吴校长是一位学习型校长，在教育这个舞台上有着对教育的独到思考和理解，目光敏锐、眼光深远。最令我佩服的是他每个学期都会为教师做专家报告。

从吴校长的报告和人格魅力中，我感觉到了学校宽松、民主、和谐的学校文化，以及吴校长那些精彩的、有创新的做法。例如，"每日一诗"、讲故事比赛、学生实践活动、创客活动，无不反映了吴校长独具匠心的思考。

一、智慧比资源重要

吴校长引进大学生作为活动课的教师资源，在每个周末及课外活动期间，学生自主选课、走班上课。通过这种方式，让学生掌握 1~2 项艺术及体育特长，不仅解决了校内师资不足的问题，还极大地调动了学生发展特长的积极性，深受学生及家长的喜爱和称赞。当然，吴校长还不忘挖掘教师的潜力，鼓励年轻教师也积极投身其中。学校开设的几十种校本课程，不但有充足的师资，还做到了让每位教师发挥自身的潜能和特长，培养了学生参与课外活动的积极性，同时也解决了周末及放学后家长的困难，可谓一举多得。

作为乡村小学，以前，我也曾为此绞尽脑汁，如今想来，何不利用当地优秀教师资源完成这项工作构想？这样既解决了师资匮乏的问题，也节省了经费，还能化解很多不必要的矛盾。

由此，我们不难得出结论，有智慧就有资源，智慧远比资源更重要，只要肯动脑，就能变被动为主动。

二、心房比门房重要

面对当前一座座拔地而起的高楼大厦，面对五彩缤纷、令人眼花缭乱的学校文化，面对那些华而不实的教育设施配套，我不禁想问，教育是否远离了原本的初衷？教育的投入是否落实到了教育的主要矛盾上面？教师的教学是否做到了以学生为本？有句话是这样说的，一流校长管心房，二流校长管课堂，三流校长管门房。一流的校长以价值观和愿景来领导教师，让所有教师成为一个学习共同体，大家同声相应、同气相求，为同一个愿景奋力奔跑。

当一所学校真正以人为本时，教师才会获得安全感、成就感和幸福感。他们也会尊重学生，把分数教育转变成立人教育。尊重人的生命价值，尊重人的独特体验，尊重人的多样性，在此基础上，完成对学生健康个性、健全人格的培养。

三、内涵比外观重要

古人云："山不在高，有仙则名；水不在深，有龙则灵；斯是陋室，惟吾德馨。"这所国内著名的小学，既没有豪华的装修，也没有高深的学校文化，有的只是孩子们那一幅幅透着稚气的作品。无论是校内还是校外，无论是走廊还是班级，都在展示教育的成果。即使是楼道内的安全提示，都是学生自己设计的。

四、名声比名字重要

学校的名字是刻在墙上还是刻在人们的心中？一直以来，我都把学校的校名看得十分重要，我认为校名就是学校的品牌，对它的大小、颜色、位置、是否醒目等，都十分关注。但北京师范大学实验小学的校名牌子，直到我们走进学校大门，都不曾发现它。

英国教育家怀海特说过，教育的最终目的是培养人的智慧，改变人的思维，成就健康完善的人格。我们要克服心浮气躁，避免工作有始无终；潜下心来教书，静下心来育人，让每个学生都得到实实在在的、有内涵的教育，这才是教育的真正魅力所在。

生命关怀教育的认识与实践

转眼间，一周的跟岗研修培训马上就要结束了，回想近几天在江苏局前街小学的参观、听课、座谈、观摩和交流，给我留下了很深的印象，同时也引发了我的思考和遐想。

一、回归本真的教育理念

教天地之人事，育生命之自觉。走进学校前楼大厅，你会发现，"让孩子尽情享受童年的成长快乐，让教师真切感受职业内在的幸福"的标语镌刻在左右两面墙壁上，生命关怀教育已成为江苏局前街小学的共同追求。

美国教育家、哲学家约翰·杜威指出，教育即生长，教育即生活，教育即经验改造。我想，作为一名校长，应该引导教师把对知识关注转移到对学生的生命与健康成长上。多一点柔性，少一点苛刻；多一点关怀，少一点冷漠；多一点鼓励，少一点批评。保护学生的天性，让他们尽情享受成长的快乐。

二、从学生角度出发的校园建筑

一切从学生的视角出发，这是江苏局前街小学文化中最突出的特点。学校建筑在秉承传统的基础上进行创新，在创新中融入诸多适合学生的元素。

在凌校长的指导参观下，我们看到的双门慢速电梯、七彩隔音墙、减速楼梯扶手、绿色可视窗台、五彩少年宫、阳光花坊、阅览书苑、葫芦制作室……每一处都为学生打造着色彩斑斓的童话世界。

三、关注学生成长的节律课程

根据陈旻老师的介绍，学生成长节律课程是以学生在学校成长中的特定节律为基础，基于国家课程标准，源于对学生成长节律的认识，结合学校自身的文化积淀与发展特色而形成的一种适应学生生活的学校课程体系。

学生成长节律课程的实践研究，是从学生的成长出发，充分挖掘学校资源，构建适合学生快乐学习、健康发展的活动课程。学校开发的人文节庆课程、自然节气课程、学期节点课程，真正实现了人与自然、人与社会、人与自我的全面有效沟通，克服了以往那种单纯以知识为中心的学科课程的不足。例如，学期开学仪式，期中游历活动，期末展评课程，都有效地调节了学生学习生活的节奏，打通了学生的学习节点，营造了良好的学习氛围，丰富了学生的成长经历。节气课程的走访与考察、阅读与观察、调查与实践，让学生与大自然有了亲密接触，为学生提供了更广阔的实践空间，使其学会了分享、交往、合作与挑战。重阳节感恩活动、国庆节的爱国主义教育等，实现了学生与社会的有效沟通，强化了社会育人的功效。

四、基于学生需要的课堂转型

在江苏局前街小学学习以来，我观摩了不下十余节课，每堂课都有其精彩之处，但总的来说，"开放性，灵活性，生长性"是这些观摩课共有的特质，无论是刚参加工作的年轻教师的试教课，还是有一定阅历的骨干教师，他们对教材的分析和课堂资源的生成都体现了从学生的需要出发，教师不仅仅是文本的解读者，更是教学的激发者、合作者、激励者。为了引发学生的学习兴趣，教师努力转变课堂文化，教学目标从短期走向长期，教学方法从单一走向多元，课堂结构由一节课转向多类课。例如，吴老师执教的"求平均数"一课，通过创设问题情境，让学生身临其境，引发学生探究的欲望，在教师的不断点拨中，学生有了新的发现，解决了新的问题，对平均数的认识得到了提升。"前进中的双手传球"一课，体育老师没有刻意去要求学生的动作规范，而是在游戏活动中，让学生体验传球的动作要领，找到问题的症结，让学生在快乐的运动中得到了锻炼，提高了传球技能。

总之，生命关怀的教育理念在江苏局前街小学这所百年老校中得到了充分实践与体现，学习的时间虽然短暂，但这里的点点滴滴给了我很大的启发，同时也引发了我深刻的思考。

互联网时代背景下的教育对策

当今世界是瞬息万变的信息时代，互联网技术的迅猛发展，正改变着人们的生活方式、学习方式和思维方式，传统的教育理念、教育环境、教育方式、师生关系正在发生颠覆性的变革。那么，作为校长，又该如何面对当前互联网时代下的教育变革呢？听了年近九旬的中国教育界泰斗顾明远教授的"未来教育的变与不变"的教育报告，结合自己近三十年来的教育实践，对当前学校的基础教育做出如下思考。

一、重视学生的非正式学习方式

互联网时代，教育的概念发生了变化，学习渠道也拓宽了。教育不再是一项有计划、有组织的学习活动，学生的学习不只是在学校里进行，在互联网上也可以进行。互联网改变了学习环境，学生处处可学、时时可学。为此，教育者要与时俱进，尊重和重视学生的学习方式，鼓励学生采用多样化获取知识的方法，为学生的未来和终身发展奠基。

二、突出学生的思维培养和发展

互联网时代，教育目标发生了转变，但是，归根结底教育的目的是开发人的智力，培养人的智慧。在社会转型时期，对创新型人才的需求量十分大，因此教育需要培养学生创新思维能力和实践能力。

三、关注学生的生命教育和尊严

教育的本质是教育人、发展人的活动。要采用开放的、灵活的、全方位的学习方法，发挥学生的潜能，让学生过上有尊严的、幸福的生活。传统教育以知识为本位，忽视了学生的生命发展和个性需求。我们应以学生为主体，让一切服务于学生的发展，赋予课堂生命的活力，让课堂绽放光彩。

四、变被动教育为主动发展

长期以来，学生是处在被教育的状态中的，因此，很多学生缺少自主学习的习惯，出现了厌学情绪。这种教育环境怎么能培养出具有创新思维与批判性思维的学生呢？互联网时代，无论课程内容、学习方式还是师生关系都发生了翻天覆地的变化，教师要充分利用信息化手段为学生提供良好的学习环境和学习资料，采取项目式或探究式学习方法，使教师转换角色，形成平等的师生关系，使学生的被动教育状态变为主动发展，变"要我学"为"我要学"，努力培养学生的创新思维。

五、坚守教师的社会职责意识

常常有人讨论，随着社会发展和互联网技术的全面普及，学校和教师有可能不复存在。听了顾教授的报告，我心中豁然开朗，互联网改变的是教育环境和教育方式，但这只是手段，不是目的，教育的本质没有变，也不会变。人工智能替代不了教师对学生进行的人性和德行的教育。教育应让学生在集体活动中学会做人、学会沟通、学会合作。学校是学生集体学习、共享学习成果的良好场所，个性化学习也并不排斥学校。教师必须看清未来教育的变与不变，把握时代的脉搏，坚守教育者的社会职责意识，从而实现立德树人的根本目标。

【案例链接】

会议室里的风波

一、背景与起因

多年前的一个早晨，阳光透过薄雾，洒在玻璃窗上，我简单吃过早餐后，便驱车赶往学校，心中却难以平静，昨天与分管教育的 C 镇长的通话仍在耳畔回响。电话那头，C 镇长的声音带着几分严肃："喂，你们学校的爱心捐款活动进展如何了？我听说有教师拨打市长热线反映这个问题，你知道吗？是不是没有向老师宣传清楚？"

我一时语塞，刚想辩解，对方却已抢先一步："以后可要吸取教训呀！"言毕，电话挂断，留下我一人独自面对这突如其来的质疑。

爱心捐款，在这座经济并不发达的偏远乡镇，已持续了多年。然而，谁也没想到，这次捐助活动竟会引发如此风波。

二、过程与结果

我驱车驶入校园，心中五味杂陈。一夜的辗转反侧，我对这件事依然难以释怀。作为校长，我平日一直强调师德师风，以身作则，却没想到在自己的教师队伍中会出现这样的状况。

我走进校园，照例巡视了一遍校园和教室。清晨的校园，宽敞明亮，书香弥漫，琅琅的读书声让人心旷神怡。然而，今天的我却无心欣赏这份宁静与美好，心中的阴霾始终挥之不去。

晨会期间，我首先指出了校园内近期出现的一些不良现象，如晨诵期间的班级管理问题、校园内的卫生问题以及课间安全问题。随着话题的深入，我便将话题引到了教师打市长热线这件事情上。

就在这时，一位老教师 D 突然从座位上站了起来，红着脸说："校长，不用说了，打市长热线的就是我。你说怎么处理吧！"

会议室内的空气瞬间凝固，所有的老师都瞪大了眼睛，不知所措。我先是感到诧异，随后迅速冷静下来，请 D 老师到我的办公室详谈。

然而，情绪激动的D老师却坚持要在会议上解释清楚。在我的劝说下，D老师勉强坐在了校长办公室的沙发上。

通过深入交谈，我了解到D老师之所以会做出这样的举动，是因为他的老伴最近生病住院，花了很多钱。囊中羞涩的他面对捐款压力，一时冲动便拨打了市长热线。他本想向学校说明自己的困难，却没想到会造成这种后果。在说明事情原委后，D老师表示这是一时冲动。

三、问题与反思

经过这次风波，我陷入了沉思，并逐渐意识到，作为校长，工作中还存在诸多不足，需要深刻反思并改进。

（一）缺乏全面了解与换位思考

首先，我意识到自己对这件事缺乏全面的了解，没有进行深入调查就带着情绪发言，未能充分了解教师的内心感受。这种简单粗暴的处理方式伤害了教师的感情，违背了以人为本的管理理念。

（二）工作缺乏耐心与细致

在贯彻上级文件精神的过程中，我只是传达了任务与要求，而未能深入阐述捐款行为所蕴含的意义与价值。同时，应强化与教师的互动和交流，尽量了解他们的需求，为他们提供必要的支持和协助。

（三）讲话缺乏温情与激励

身为校长，对教师的赞扬与激励是极为关键的。但是我在平时与教师的交流中，情感和鼓舞还是不够。这种沟通方式不但不能激发教师的积极性和创新精神，还可能导致他们的不满情绪。在学校管理中，校长必须具备以下能力：一是领导才能，二是沟通技巧，三是解决问题的能力，四是对教育理念的深刻理解。鼓励教师，认可他们的成就和进步，以此来激发他们的自信心和创新能力。

（四）缺乏情感管理与人文关怀

在担任校长时，我往往会过分关注制度的执行和任务的完成情况，忽略了教师的情感需求和人文关怀的重要性。这种管理方式既容易导致教师团队缺乏凝聚力和向心力，又影响了学校的教育教学质量。校长应通过举办各类文体活动、慰问活动等方式，拉近与教师的距离，提升教师的团队意识。同时，关注教师的心理健康，协助他们减轻工作压力、消除消极情绪。

（五）缺乏与教师的有效沟通

在这次事件中，我深感未能与教师建立有效的沟通，这也是导致问题的关键因素之一。交流互动是人际关系中的重要一环，它能够促进双方的相互理解和信任。通过交流，人们得以建立更紧密的联系，增进彼此间的感情。然而，在日常工作中，我忽视了与教师之间的有效沟通。今后，可以通过设立意见收集箱等方式，方便教师及时汇报问题并提出改进建议。通过深化互动与对话，促进彼此间的信任。

经过这次风波，我深刻意识到，在学校的发展过程中，既要注重高效率，又要兼顾人文关怀。在未来的职业道路上，我将以更为开放的心态和宽容的精神，去接纳和倾听教师的声音和建议。同时，我将以更为实际和精细的工作方法，推动学校的稳定发展。我也会更加关注教师的情感需求，努力创造一个温馨、和谐、积极向上的工作环境。

第三章

教育者：擦亮校长的专业底色

　　一名优秀的校长固然需要具备各种才能，但是，在校长需要具备的诸多才能中，教学业务能力是专业发展的基础，也是一名校长的底气所在。试想一名不懂教育教学规律的校长，又如何能高效精准地指导学校的发展呢？同时也很难获得教师的信赖与支持。

　　现代化学校管理要求校长是一专多能的复合型人才，懂业务，会管理，是真正的教育行家里手，即专家型校长。因为只有这样的校长，才能在日常的学校管理中游刃有余，才能在今后的课程改革中有底气、有能力、有眼力，实现学校的高质量发展。

校长如何提升自己的专业本领

苏霍姆林斯基曾说："如果你想成为一个好校长，那你首先就得努力成为一个好教师，一个好的教学专家和好的教育者。"教育教学是一所学校的中心工作，是一所学校的生命力所在，因此，优秀的校长在学校管理中要紧紧抓住这一中心环节开展工作，使整个学校的工作围着教学转、围着教学干。

为此，作为校长，要想领导好学校，首先应管理好学校的教育教学。

一、钻研业务

通读各类专业书籍，掌握专业课程标准，勤于学习，善于反思，不断总结，努力提高自己的专业水准，让自己真正成为教育教学的行家里手，这是作为校长领导教育教学工作的本钱，也是提高领导力的关键所在。如果校长的业务能力强了，那么教师就会认可你、尊重你，就会尽职尽责、踏踏实实做好本职工作。反之，如果校长是个"门外汉"，自身水平低，业务不过硬，试想，这样的校长在教师面前还有底气吗？还有资格领导教育教学吗？

当然，要想成为这样一名专家型校长，首先要树立较高的追求，提升自己的专业素养，树立专业领导意识、确立专业领导思想。校长只有成为教育教学的行家里手，才能培养出更多优秀教师，办出有特色、有品位的学校。因此，校长需要勤于学习、善于反思，不断提高自己的业务水平。

二、了解学生

学生是我们的教育教学对象，无论是从学校管理的角度，还是从立德树人的角度出发，我们都要一切为了学生、为了学生的一切。

有些校长认为，校长的任务是管好教师，而不是学生，学生应该由教师去管理。试想，如果一名校长对学生不了解，又如何能管理好教师呢？作为学校的引领者又怎能有的放矢地谋划学校发展、制定相应的管理措施呢？

作为校长，要想提高自身的领导力，必须了解学生，真心热爱学生。校长要经常与学生打交道，掌握学生的生理心理特征，弄清不同学段学生的兴趣特点，要重点关注那些特殊学生，如留守儿童、贫困儿童、单亲儿童及残疾儿童。分配教师工作时，采取扬长避短的策略；在日常的教育教学中，做到因材施教。

了解学生，理应成为校长的重要工作之一。一方面，校长要亲近学生，把学生当朋友、与学生做朋友，这样才能与学生真诚地交流，了解教育教学的动态。另一方面，校长要善于研究学生的行为表现、习惯养成、性格特征、心理认知，只有这样，才能做到有的放矢，避免盲目性、随意性甚至破坏性。

三、研究课程

课程是育人的载体，是落实学生多元发展、实现学校特色办学的重要渠道。因此，校长要有课程意识，要有领导团队重构课程的能力和行动。

一些校长认为只要把国家课程学好，就完成基本的教育教学了。做校本课程，不但增加了教师和学生的负担，而且容易对国家重要课程造成冲击。

其实，这是对课程认识片面的一种体现。我们要实现全员育人，实现学生的全面发展，就要构建丰富多彩的课程体系，让每位教师找到发挥才能的舞台，让每个学生找到成长的"土壤"。这样，课堂才能充满活力，校园才能成为师生向往的"精神家园"。特别是在一些农村小学，不少校长认为，研发课程、重构课程是专家学者的事，学校只要把课上好、把书教好就行了。这种观念往往会导致教师缺少课程意识，没有开发课程的信心和勇气。

四、深入课堂

学校的中心工作是教学，而教学的主要阵地在课堂，可以这样说，成全和成就校长的往往也是课堂。

课堂是一所学校的重要窗口，是学校活动的主要组织形式，因此校长要深入课堂、研究课堂，熟悉课堂。通过课堂，了解学校的教育教学及科研状况，了解教师的教与学生的学；通过课堂，有针对性地进行学校管理调控及确定教学策略。

所以，校长要对课堂带有情感、倾注深情，甚至要坚持上课。我们学校规定，无论谁做校长，其任课量至少达到教师平均工作量的三分之一，副校长达到教师工作量的三分之二，否则，就不是一名合格的校长。遗憾的是，一些从优秀教师成长起来的校长，年纪轻轻便远离了课堂，不再上课，这不能不说是一大损失。

当然，校长要全面负责学校的工作，头绪多、压力大，要想像之前那样上课也不现实，但校长完全可以根据实际情况尽力上课，或者坚持一周、一个月上几节示范课，要经常走进课堂，坚持观课、听课、评课、议课、磨课。

深入教育教学一线的校长，不仅能够掌握最新的教学情况，还能提升校长管理和领导的专业化程度。校长只有以专业的方式参与、引领课堂教育教学，才能积极解决学校管理过程中出现的问题，才会让管理变得更加温情、专业和科学。

做有专业底气的校长

校长作为教师专业发展的第一责任人，不仅要尊重、信任、团结和赏识每位教师，而且要尊重教师的专业发展规律，激发教师的内在动力，引领教师的专业成长。因此，作为教师成长的引领者，校长要十分了解教师成长的过程与规律，掌握引领教师专业成长的知识和方法，发展和提升引领教师成长的能力和行为，使自己真正成为一名懂业务、有专业底气的专家型校长。

那么，校长怎样才能提高自己的专业素质呢？现结合自身的成长经历略谈一二。

一、潜心学习　提升理论水平

校长的成长是一个不断学习、反复实践的过程。如果没有科学的理论做指导，校长的成长必然受到限制，不仅成长缓慢，而且也达不到较高的水平。所以，校长要想不断成长，绝不能忽视理论学习。

向书本学习。学习教育理论、专业知识、社会知识，树立正确的教育观、教师观、教学观、学生观，改变教的方式、学的方式、评价方式。

向同事学习。取人之长补己之短。学习原则：对比自己，发现不足；了解他人，取人之长；创设氛围，共同成长。学习方式：相互听课、评课；共同探讨；面对面请教。

向专家学习。俗话说，人生能走多远，看与谁同行，有多大成就，看有谁指点。校长要想使自己的水平有所提高，就要与比自己水平高的人在一起。

向学生学习。信息化时代，学生已成为校长学习的重要资源，校长应为学生树立谦虚好学的榜样，鼓励学生的成长。

向网络学习。网络学习的最大优势是省时、快捷、方便，且信息量大，具有很强的针对性，可以不受空间和时间的限制，根据个人的需要进行针对性学习，以达到事半功倍的效果。

与书香相伴，享受职业的幸福；与好书相伴，品味成长的快乐。当我心情郁闷时，我总是打开书本寻求疗伤的药方，书籍让我豁然开朗，书籍带我走出人生的低谷。如今，我每天都会坚持读书，夜深人静，挑灯夜读，心醉书香，不断地充实自我。

二、坚守课堂　引领课程教学

《义务教育学校校长专业标准》指出，校长要领导课程教学，建立听课与评课制度。苏霍姆林斯基说："经验使我深信，听课和评课，这是校长最重要的工作，经常听课的校长才能真正了解学校的情况。"多年的校长经历让我深刻体会到，校长只有走进课堂、走进班级，才能走近教师、走近学生，才能了解课堂教学的现状，给予教师正确的指导和帮助，同时提高自身的专业发展水平。

多年来，作为校长，首先我始终坚守课堂，坚持兼课任课，做课堂教学的行家里手；其次，在课堂教学中努力锤炼自己，上好每节课，力争把每节课都当作优质课来上；再次，每学期有意识、有重点地精心准备一节公开课，如我执教的五年级数学课"除数是整数的小数除法""平行四边形的面积"和科学课"声音的产生"，深受同行的好评，通过备课、讲课、磨课、议课、课后反思，我的教学水平得到了提高；最后，坚持听课评课，学校要求校长每学期听课、评课不少于 30 节。

三、勤于反思　不断完善自我

校长的成长是一个不断自我实现的长期过程，而进行总结反思是校长专业化发展的必由之路。美国学者波斯纳提出过一个公式：教师成长 = 体验 + 反思。经验是在实践中得来、在反思中提升的。校长只有在实践中不断学习，在学习中不断反思，在反思中不断丰富自己，其个人教育管理思想才能不断走向成熟。

华东师范大学教授叶澜说："一个教师写一辈子教案不一定成为名师，如果一个教师写三年教学反思就有可能成为名师。"

四、一专多能 具有丰富的知识结构

校长要具备扎实的学科专业知识、教育学科知识、实践性知识和一定的扩展性知识。校长既要有一定的专业理论知识作为指导，又要有丰厚的实践经验作为支撑，这样工作起来才能游刃有余。

专业学科知识：学科课程标准、教材；挖掘教材内涵，具备课堂教学的专业技能。

教育学科知识：心理学知识、教育学知识、教学知识，如原理原则、教法策略、教学技巧、教学设计、教学方案、教学评价和教材教法。

五、学会写作 形成自己独特的思想

在这个科技日新月异的信息化时代，或许我们有"读万卷书，行万里路"的豪迈气概，然而人生时间有限，我们对整个世界的认知也不过是"冰山一角"。那么，如何能够在有限的时间内尽可能地认识无限的世界呢？我认为可以借鉴三段式结构化认知模式，即"理—例—立"。

首先，作为校长要掌握前人已有的认知理论。从不同视角挖掘其内涵，捕捉触发灵感的那些观点、言辞和段落，及时结合个人经验，做到学思结合，为我所用。其次是"例证"，即紧密结合自己的工作实践解读专家教授的教育论述，用实践和案例反复验证自己的思想观点，提升对所学教育原理的认识。例如，在我们进行"教育科研的一般思路与设计"专题学习时，要及时结合自己的工作经验"对号入座"，思考解决以前在这些方面的种种疑问和困惑，从而做出正确判断。再次是"确立"，即要根据专家的理论，结合自身实际，建立自己的认知体系，进而提出自己的主张与看法，丰富和发展所学的教育理论，形成独到的教育思想和观点。

探究性学习的实践与研究

探究性学习，顾名思义，就是让学生以探索、研究的态度和方式对待学习，主动获取知识，建构认知结构的过程。具体在数学学科的学习中，就是要让学生在独立思考的前提下，通过合作交流主动获取数学知识，培养其数学能力，创造性地解决问题的学习活动。那么，如何组织学生进行探究性学习活动？现简要阐述如下。

一、操作程序

（1）创设情境，提出问题。学生探究学习的积极性、主动性，往往来自一个充满疑问和问题的情境。教学时，我认为教师应重视创设问题情境，让学生感受问题、发现问题、提出问题。我们可以从以下几个方面引导学生寻找问题并提出问题：在教师创设的情境中寻找问题，在课题上寻找问题，在知识的生长点上寻找问题，在新旧知识异同点上寻找问题，在知识应用上寻找问题，在解题策略多样性上寻找问题等；同时，引导学生提出有价值的问题，引导学生主动探索。

（2）自主探究，分析问题。知识的发生、发展和形成与学生主动参与数学问题的探究活动是分不开的。过程是线索，探究是中心。过程体现了数学知识发生、发展的来龙去脉，展示、表露了数学思维活动及思维方式，这种思维方式的获得恰恰是学生自主探究的基础。提出问题并不等于分析和解决问题，教师还要引导学生自主探究、研究信息、分析问题，为解决问题打下坚实的基础。

（3）合作交流，解决问题。问题是思考的源泉，有了问题才能促进学生思考，引发学生主动参与研究，这就需要师生、生生间相互交流，尤其是要让学生有表达自己观点的机会，在分析和交流的过程中去分析数学问题，理解数学问题，解决数学问题。①给学生提供合作学习的空间；②鼓励学生大胆发表自己的见解；③调控课堂，构建师生间、生生间多向多维的交往方式；④引导学生掌握学习方法，提高解决问题能力。

（4）实践应用，深化问题。在自主探究、解决问题的基础上，让学生运用所学知识，解决一些日常生活中的问题，使学生不仅能够巩固所学新知识，而且还能把新知识纳入已有的认知结构，使问题进一步升华。在完善认知结构的过程中，达到求异创新、巩固新知的教学目的。

二、实施策略

（一）充分创设自主探究的空间

数学对学生来说，是一门能够让其参与其中的、充满新发现的创新性学科。因此，在学习过程中，我认为教师不能"越俎代庖"，要积极树立以学生发展为本的教育观，把学习的主动权交给学生，给学生多一些思考的时间，多一些活动的空间，多一些表现的机会，多一份创造的信心，多一些成功的体验，以此激发学生探索发现的欲望。凡是学生自己能探索得出的，教师决不代替；凡是学生能独立发现的，教师决不暗示，积极引导学生从被动接受变为主动探索和研究，努力培养和发展其主动获取知识的能力。

（二）教给学生自主探究的方法

首先，要教给学生以"会读"为核心的学习方法。学生学习知识的主要途径来自书本，会读书无异于掌握了开启知识大门的钥匙。为此，教师要着力指导学生学会阅读数学课本，使其逐步掌握读书的方法。对于刚入学的低年级学生，可以采取讲解和指导阅读相结合的办法；对于中、高年级学生，则采取课前预习、启发引导、独立阅读的办法，让学生自己动脑发现和解决问题。在教学中，凡是学生通过自己看、自己想就能掌握的知识，教师要少讲甚至不讲。

其次，在实践中学习，即让学生亲身实践获得知识，使他们的多种感官参与知识的形成过程，化抽象为具体，使学生在具有丰富感知的基础上建立正确的概念，形成科学的结论。这不仅有利于学生对知识的理解和掌握，还有利于学生创新思维的培养。

（三）重视培养学生自主探究的能力

学习迁移的能力。学习迁移是指一种学习对另一种学习的影响。具备迁移能力的学生能够运用已有知识和思维经验解决新问题。例如，运用整数除法解决小数除法；运用长方形面积计算公式推导平行四边形的面积计算公式，进而推导三角形、梯形、圆的面积计算公式。小学数学是具有严密逻辑性的完整统一体，迁移现象普遍存在。在教学中，只有引导学生在新旧知识的比较中辨别有意义的信息，找准知识的"生长点"，以旧探新，才能实现知识和能力的正迁移。

质疑问难的能力。"疑"是思维的开端，是数学发展的动力。学生具备质疑问难能力，才能敏锐地发现并准确地提出问题，进而积极思索，探求创新。培养质疑问难的能力要借助学生好奇、好问的特点，鼓励学生追根究底，教给学生质疑的方法，使其善于把握知识的重难点，提出有价值的问题。

实践操作的能力。重视学生的操作和实践活动是义务教育教材的一个突出特点。因此，我认为教师应鼓励学生进行实践活动，积累丰富的实践经验，培养学生勇敢、冷静、细致、耐心等优秀品质和习惯，使学生将动手和动脑结合起来，力求既长知识又长智慧。

表达思维的能力。"语言是思维的直接描述。"学生在合作探讨的过程中表述自己的见解，能促进思维发展，提高探究能力。我认为教师在教学中，应多给学生提供"说"的机会，让学生说题意、说算理、说思路、说推导过程，同时教给学生"说"的技巧，提高学生的表达能力。

创新思维的能力。学生要实现主动探究，还得有一定的创新思维的能力。对小学生而言，只要是新的意识、新的观念、新的方法、新的设计、新的组合，都称得上创新。我认为教师在教学中可以采用"先练后讲"教学法和设计开放性练习，这样有助于学生开动脑筋，创造出新颖、独特的结论。

三、教学建议

（一）建立民主平等的师生关系

在宽松、自由、融洽、和谐的氛围中，学生的情绪和热情才会高涨，才有可能积极参与，产生探索知识的需要和愿望。这就要求教师在平时的教学中，摒弃"唯师独尊""教师权威"的观念，树立"学生是教学活动主体"的思想。教师不应成为课堂教学和学生学习过程中的主宰者、指挥者，而应成为教学和学习活动的组织者、指导者和参与者。我认为一个好的教师不是在教数学，而是激发学生自己去学数学。当学生通过自己的思考建立起数学理解力时，才能真正学好数学。因此，我认为教师的主要任务是创造条件，帮助学生主动探索数学知识，帮助学生通过自身的创造力和体验感来学习数学。教师要树立"教师的教是为学生的学而服务"的意识，专心听取学生的表述和见解，平等地对待、尊重学生，鼓励学生独立思考，经常与学生一起讨论、商量问题。

（二）保护学生的学习兴趣和好奇心

"学起于思，思源于疑。"问题是设置认知矛盾、引发探究兴趣的有效手段。教师可以利用学生好问的特点，创设问题情境，以疑激思，以疑激趣。当然，教师的设疑也要有启发性、趣味性、挑战性，要适时、适度。

（三）让学生主动参与数学活动过程

为了让学生更好地参与获取知识的整个过程，探究性学习应突出以下三个方面：一要抓住新旧知识的连接点，以便架设"认知桥梁"。二要剖析新旧知识的分化点，以便增强新旧知识的可辨别性。三要让学生展现自己的建构过程，不仅要知其结果，还要了解自己得出结果或结论的过程以及先决条件，必要时能用图表、算式以及语言等形式展现自己的建构过程。教师只有这样教学，才能使学生在获取数学知识的同时，提升探究学习的能力和创新意识。

浅谈教师如何引导学生学习数学

学会学习是时代发展的需要，也是人类终身发展的需要。美国未来学家阿尔文·托夫勒早就预言："21 世纪的文盲不是那些没有知识的人，而是那些不会学习的人。"

《义务教育数学课程标准》明确指出，小学阶段学生必须掌握并且具有一定的学习数学的方法，提高和发展其学习能力。英国生物学家达尔文也说过："最有价值的知识是关于方法的知识。"我国著名教育家陶行知先生指出，教是为了不教，好的先生不是教书，不是教学生，乃是教学生学，教的最终目的是让学生学会独立、学会自主、学会学习。可见，让学生学会学习乃是教育的终极目标。

教育心理学家布鲁纳认为："认知是一个过程，而不是一个结果。"因此，他强调，教一个人某门学科，不是让他把一些结果记下来，而是教他参与把知识建立起来的过程。那么，教师在教学中如何才能促进学生主动参与认知结构的建构过程呢？那就是要正确处理好"教"与"学"、"学"与"导"的关系，把教与学的重点放在"学"上，在教法上着眼于"导"，以学生发展为本，激发学生的求知欲，引导学生主动探索，促使学生乐学、会学。那么，教师应如何引导学生学会学习？结合我自身的教学实践，浅谈几点个人体会。

一、激发学习兴趣　引导学生乐学

众所周知，学生如果对数学产生兴趣，在学习数学时就会产生愉悦的情绪体验，形成"乐学—会学—学会"的良性循环。因此，我认为首先要激发学生学习数学的兴趣，调动学生学习数学的积极性。

（1）好玩的数学有趣。例如，在教学加法交换律时，我很喜欢张景中院士讲的数学故事。一个少年喂猴子，早上给猴子四个梨子，晚上给猴子三个梨子，猴子发现每天晚上少一个梨子，就很不高兴；于是这个少年又改成早上给猴子三个梨子，晚上四个梨子，猴子每天晚上多吃一个梨子，就高兴了。听到这里，学生哈哈大笑，笑过以后就会明白，交换加数的位置是不影响结果的，这就是加法的交换律。对于学生来说，数学中的性质和概念是抽象和枯燥的，而张院士仅仅用一个小故事就激起了学生思维的火花，让学生理解了、记住了，甚至想忘都忘不掉。可见，教学方法对培养学生的数学兴趣起到至关重要的作用。

（2）奇妙的数学有趣。亚里士多德曾说："思维自疑问和惊奇开始。"如果学生对所学知识常常产生疑问和惊奇，对数学时时有种奇妙的感觉，还能不喜欢数学吗？因此，要想让数学有趣，在教学中，教师应充分利用学生好奇心强的特点，有意识地制造一些悬念，提供一些有趣的素材，和学生一起领略数学的神奇，使其更加喜爱数学。例如，在教学"能被 3 整除的数的特征"时，学生掌握了能被 2 和 5 整除的数的特征，为了避免思维定式和负迁移的影响，我在导入时设计了两个环节：第一是请学生说说，个位上是什么数时，这个数能被 3 整除。无论学生说出个位是几，我都能把它补成可以被 3 整除的两位数，也能补成不能被 3 整除的两位数。学生发现判断一个数能否被 3 整除，只看个位上的数是不行的。第二是我让学生随口说几个多位数，然后迅速告诉学生能否被 3 整除。学生通过计算发现我的判断是正确的，由此产生疑问，从而引起思考，把学生的求知欲提到一个新的高度。

（3）有用的数学有趣。如果学生能够感受到数学有用、有价值，他们就会喜欢数学。我认为教师应该让学生体会到数学的用处，让学生从内心爱上数学。例如，在教学"三角形具有稳定性"时，我从生活实际导入，引起了学生极大的学习兴趣和探索热情。上课一开始，我便将一把快散架的椅子摆在了学生面前："有件事情想让同学们帮忙，这把椅子摇晃了，需要一根木条加固，那这根木条钉在哪里合适呢？"教室里顿时热闹起来。有的同学说将木条横着钉，有的同学说将木条竖着钉，有的同学说能不能将木条斜着钉，出现了三种不同的情况。

我微笑着说："感谢同学们想了这么多好办法。到底把木条钉在什么位置才能使这把即将散架的椅子变牢固呢？带着这个问题，咱们来共同学习三角形的知识，你们一定会有惊喜的发现。"学生便带着问题全身心地投入到数学知识的探索中。

可见，如果让学生感觉到课堂上的数学是好玩的、奇妙的、有用的且充满乐趣的，学生就会不知不觉地爱上数学。

二、加强学法指导 引导学生会学

学生的学习，关键还在于学习方法，只要方法得当，绝大多数学生都能够取得进步。数学学科具有高度的抽象性、逻辑性和广泛的适用性，小学生的抽象思维能力相对较弱，因此要想使学生在数学课堂上成为学习的"主人"，就要教给学生学习数学的基本方法。

（1）积极自学的方法。积极自学是重要的学习方法，其对学生的发展是至关重要的。小学数学课的自学方法一般包括课前预习、课内自学和课后复习三个环节。

可以给中、高年级的学生布置预习作业。预习一般可做以下几件事：①明天的学习内容是什么？与今天的内容有什么区别和联系？②例题看得懂吗？有什么困难？在弄不懂的地方做好记号；③做几道题目试试看，会不会做，哪里有困难？要把这些方法反复教给学生，每次上课前先检查学生的预习情况，回答以上三个问题。学生带着问题上课，听课便更有目的性和针对性，自然会大大提高听课效率。

温故而知新。做好复习对于提高学习效率具有十分重要的意义。教师要引导学生养成先复习再做作业，最后把学习内容加以整理的习惯。

（2）认真听课的方法。听课是学生学习的中心环节。这里的听课应包括看、听、想、做四个方面。一看：要注意看教师的演示、板书和动作。二听：要注意听教师的讲课和同学的回答。三想：要认真思考教师所讲的内容和同学回答的问题，大胆发表自己的见解。四做：要认真动手操作学具和做练习。

要想使学生掌握认真听课的方法，我认为教师必须引导学生做到以下几点：首先，学生在课堂上要注意力集中，认真倾听教师的点拨、指导，不做与学习无关的事情。其次，学生上课要积极思考，积极回答教师的提问，认真做课堂作业。再次，学生要专心听同学的发言，对在哪里，错在哪里。最后，学生在听讲时要抓住重点。教师不仅要有目的、有计划地训练学生的听课能力，还要教会学生利用课间十分钟休息的方法，以确保学生有充沛的精力继续下一堂课。

（3）自主探究的方法。自主探究是指学生积极开动脑筋，主动去获取知识，自觉弄清知识来龙去脉的学习过程。苏霍姆林斯基说过："人的内心深处有一种根深蒂固的需求，那就是总感到自己是一个发现者、研究者、探索者。在儿童精神世界里，这种需求特别强烈。"实践证明，学生只有通过主动探究，动手、动脑、动口获取的知识才是掌握得最牢固的知识，才是最有运用空间和价值的东西。

首先，独立思考的方法。要想使学生掌握独立思考的方法，就要为学生创设独立思考的机会。在教学中，教师可以运用启发式教学，使学生积极、主动、自觉地学习。教师要避免过多地讲解，多创设问题情境，鼓励学生独立思考，充分发表自己的意见。

其次，质疑问难的方法。爱因斯坦说过："提出一个问题，往往比解决一个问题更重要。"在数学学习过程中，教师要善于引导鼓励学生想问、敢问、好问、会问。例如，一位教师在教学关于"千克、克"的新课后启发学生："你还有不懂的地方吗？""你还想知道什么呢？"一下子就打开了学生思考的"闸门"。

学生的有些提问可能是无意义的或者是幼稚可笑的，但这是学生思维的火花，是难能可贵的，随着时间的推移，教师可逐步引导学生提出有价值的问题。

另外，教师还要引导学生独立钻研，自己分析问题、解决问题，引导学生经常使用"我认为""我的想法是""再让我来试一试""我还有更好的方法"等句式，唤起他们的主人翁意识，培养他们克服困难的能力和不怕挫折的精神。

（4）动手操作的方法。皮亚杰认为："思维是从动作开始的，切断了动作和思维之间的联系，思维就得不到发展。"心理学研究告诉我们，小学生正处于具体形象思维向抽象思维、逻辑思维发展的过渡阶段，特别是低年级学生，他们的思维方式仍以具体形象思维为主，其抽象思维需要在感性材料的支持下才能进行。因此，小学数学教学必须重视培养学生动手、动脑、动口的良好习惯，使学生通过看一看、摸一摸、拼一拼、摆一摆、讲一讲来获取新知识。例如，在学习"角的初步认识"时，针对"角的大小与两边的长短有没有联系"这一问题，就可以通过操作自制活动角的方式，边操作、边观察、边讨论，从而得出正确的结论。

（5）合作交流的方法。合作学习是一种重要的学习方式，合作学习有利于培养学生的协作精神、团队观念和交流能力，让他们在思想的碰撞中迸发出创新的火花。在数学课的学习中，对于"问题性"程度较高、个体学习有困难的材料，教师可及时改变课堂组织形式，让学生通过课前共同预习、课中合作实验、共同操作、同桌讨论、小组交流等形式开展合作学习活动。教师布置的学习内容要有价值、有意义，不要流于形式。对于学生而言，要积极参与，学会表达自己的观点和见解，同时要学会倾听他人的发言，学会评判他人的观点，学会接受他人的意见，在相互补充、互为启发中完成心理转化，获得知识。

（6）专心做作业的方法。作业是课堂教学的升华，完成作业是学生最基本的学习实践活动。因此，教师要教给学生专心做作业的方法。①开始做作业时，要准备好所用的书籍和教学用具；②先复习一下当天的功课再做作业；③做作业时要集中注意力，不做其他事情；④学累了可以站起来休息一下；⑤当日作业当日完成，不拖延；⑥做完作业后要收拾好书桌，整理好书包。

此外，做作业时还要书写工整，格式正确，特别是数字及运算符号的书写要规范，布局要合理，页面要整洁。

（7）检查验算的方法。检查验算是数学学习中一种重要的学习方法。要使学生掌握检查验算的方法，教师应引导学生做到如下几点：①使学生明确检查验算的重要性，知道在实际工作中任何细小的差错，都可能造成巨大的损失；②指导学生掌握并熟练运用一些验算的基本方法；③及时引导学生进行错题分析，总结教训，改正错误。

（8）课外阅读的方法。课外阅读是课内学习的补充和继续，不仅能够丰富学生的文化科学知识，加深和巩固其课内所学的知识，还能满足和发展学生的兴趣爱好。

首先，要教会学生使用工具书，如《数学词典》《小学生数学手册》《小学数学名词解释》等。其次，有计划地向学生介绍数学课外读物及阅读方法。再次，指导学生正确地借助网络查阅资料。

三、强化习惯养成　促使学生学会

叶圣陶先生说过，凡是好的态度和好的方法，都要使其成为习惯。只有养成习惯，才能将好的态度、好的方法内化于心，外化于行，如同本能一般自然。学生积累了一定量的学习方法后，教师要优化学生的学习方法，使其养成良好的学习习惯。事实证明，只有教师教会学生科学的学习方法，使其养成良好的学习习惯，学生才会积极主动地去求知、求真，真正成为学习的"主人"。

（1）严格训练，养成习惯。学生掌握学习方法仅仅是第一步，需通过反复实践、严格训练，才能逐步养成良好的习惯。掌握自学方法并不难，但是要养成自学习惯却并非易事；学生学会看课外书也不难，难的是养成课外阅读的习惯。

（2）统一要求，循序渐进。学生掌握科学的方法不是一朝一夕的事，必须从低年级开始，有计划、有目的地培养，循序渐进、逐步提高。教师既要保证培养的连续性，又要随着年级的升高，逐步提高对学生的要求。所有科任教师要齐心协力，重视对学生学习习惯的培养。另外，学校和家庭也要统一要求，家长要转变教育观念，培养学生良好的习惯比考高分重要，家长发现孩子的不良习惯时要及时纠正。

（3）改革教法，重视学法。教的方法和学的方法是相互联系、相互渗透，融合在一起的。教法对学法有着制约和影响作用，先进的教法会促进良好学法的形成；反过来，学法也会促进教法的改革。只有采用启发式教学，有意识地指导学生的学习方法，才能在教学过程中充分发挥学生的主体作用，使学生掌握良好的学习方法。教师在教学中要以学定教，把指导学生的学习放在首位，根据学生的学习要求确定教学的方法。

（4）教师示范，潜移默化。教师的示范作用对于学生掌握科学的方法和形成良好的习惯有着积极的作用。教师在讲课时，要正确运用数学语言，有条理地进行分析。在解题和验算过程中，教师要指导学生认真审题，按步分析。同时，教师要认真检查和批改作业。这一切都会给学生以良好的影响，产生潜移默化的作用。

（5）及时总结，树立榜样。小学生在掌握学习方法时，有一个从少到多、从简单到复杂、从生疏到熟练的循序渐进的过程，同时也是从不自觉到自觉的过程。教师必须有计划地总结自己的学习方法，如怎样听课、怎样复习、怎样做作业、怎样归纳整理所学知识，有哪些收获、哪些体会，这样可以帮助学生将自己的体会条理化、系统化。

总之，学习习惯是一种良好的非智力因素，是学生的必备素养，也是其学好数学的基本保证。只有坚持不懈地抓好数学学习习惯的培养，才能培养出具有良好数学素养的学生。

浅谈如何提高学生的注意力

我认为，如何提高学生的注意力对于教师来说尤为重要，因为它直接影响着学生的学习活动效果。

那么，什么是注意力？教师应该如何做才能有效提高学生的注意力呢？读了皮连生的《学与教的心理学》中的"教师的成长及其培养"的相关内容后，结合自己多年来的教学实践，做出以下思考。

其实，注意力是一个古老的话题，它是指一个人的心理活动对一定对象的指向和集中能力，任何一个心理过程都离不开注意力，注意力是学生有效进行学习和劳动所不可缺少的条件。教育家乌申斯基十分强调注意力在教学中的作用，他说："注意力正是那一扇从外部世界进入人的心灵之中的东西所要通过的大门。"不同的人注意力水平不同，一般来说，学生的课堂注意力水平越高，其课堂学习的效果也会越好。

一、运用不同教学技巧　提高学生的注意力

单调而重复的刺激会降低学生的注意力，引发心理疲劳，因此，教师在课堂上要不断变换教学技巧，调动学生的注意力，如教师在教学活动中可以通过不断变化自己的声调及说话节奏来引起学生的注意。除了在语言上的变化外，还可以辅之以必要的肢体动作，达到以动制静、动静结合效果，强调重要的学习内容，引起学生的注意。

二、精心设计教学活动　提高学生的注意力

从心理学角度讲，小学生的心理认知水平以直观的、具体的思维为主，好

奇好动是儿童的天性。因此，专家型教师总是会避免课堂上出现教师单纯地讲授、学生被动地接受的现象，他们会努力设计各种教学活动，让学生参与其中，在活动中发现问题、探究问题、交流问题。

很多教师往往在备课时就计划好了自己的教学任务，设计不同的课堂导入方式，从一上课开始，就能抓住学生的注意力。有的教师采用故事导入新课，有的教师采用猜谜语的办法提出课题，有的教师通过游戏自然地进入课堂主题，还有的教师通过创设问题情境引发学生思考，直奔主题。这些方法有效提高了学生的学习兴趣，增强了学生的课堂注意力。

三、适时进行教学暗示　提高学生的注意力

专家型教师往往在课堂教学的每个环节的过渡中，千方百计地吸引学生的注意力，告诉他们新的知识点或者重点要出现了，如通过提高声调或放慢说话节奏甚至短暂地停顿，同时用肢体语言来引起学生对新知识的关注和重视。

四、明确提出教学目标　提高学生的注意力

小学低年级学生缺乏自觉性，表现为不会主动确立目标，需要教师给定目标；注意力分散，需要他人不断提醒。一旦没有外力的帮助，学生常常会走神。因此，在学习或其他活动中，教师应提出具体的目标、要求、内容及方法，让学生切实感受到集中注意力对完成活动的重要性，并懂得如何正确地提高自己的注意力。

通过目标导向，提升学生的注意力，强化学生的学习效果。教师既可以在引入新课时，向学生提出学习目标任务，也可以在每个教学环节之初向学生提出活动要求，还可在全课结束时总结本节课的学习重点，弥补学生因注意力不足造成的知识遗漏问题。

总之，根据小学生的注意力容易转移和不持久的特点，教师要帮助学生明确课堂教学活动的目的，变换不同的教学技巧，精心设计教学活动，适时对学生进行暗示，才能不断吸引学生的注意力，提高课堂学习活动的效率。

【案例链接】

爱丢垃圾的男孩

一、案例描述

明明是我校三年级的一个特别活泼调皮的男孩，每天他都会给同学和我一些意想不到的"惊喜"，班里的同学也因此大都不喜欢与他交往。

有一天，我一进教室，就发现明明的座位上满是垃圾。

"为什么你的座位上总是乱七八糟的！桌面为什么总是这么多垃圾！"我顿时怒火充斥心头。

明明立刻噘起了小嘴，双手颤动了几下最终什么也没说。正在这时，开着盖的墨水瓶突然倒在了桌子上，他的桌面顷刻间被墨汁覆盖了。这时，我强忍着心中的怒气，告诉自己不能用尖酸刻薄的语言来伤害他。于是，我立即走过去，拿来抹布帮他擦桌子，让同学帮他拖地。明明站在那里一声不吭。

最后一节的班会课上，我带着笑意走进教室。因为在课间时，我想到了一个好主意，通过调整座位，让每个学生都拥有了自己心仪的同桌。这样，同学之间取长补短、相互帮助，共同交流，明明也因此感受到了一丝温暖。

二、案例分析

由于实际教学经验不足，我认为所有的学生都应该像大人一样，说一遍就可以做得很好，忽视了他们的实际心理特征。我总是笼统地要求学生去做什么，并没有针对性地教给他们一些具体方法，如此，学生自然做得不尽如人意。我应当首先去了解学生，与他们建立良好的师生关系。

当了解到明明的生活状况后，我开始深深地自责。明明的爸爸在外地打工，只有过年的时候才回来，平常都是妈妈来照顾明明的学习和生活，但明明特别渴望得到父亲的爱，希望爸爸可以在自己身边，像别的同学一样每天接送他上下学。

三、教育方法

（1）动之以情。教师应该换位思考，多考虑每个学生的优点、闪光点。明明的孤独、无助是别人无法看到的，但是正因为此，我才更要用爱来温暖他，用爱来驱散他内心的孤独与无助。

（2）导之以行，注重细节，自我约束。发挥班干部的作用，让班干部来监督明明的行为，从而让明明学会自我监督。从穿衣、叠被子、整理书桌开始，使明明在一点一滴中改变。

（3）持之以恒。习惯不是一天就可以养成的，而是后天积累、慢慢形成的。良好的习惯需要持之以恒的精神，更需要教师不断地"唠叨"。通过每天的坚持、每天的"唠叨"，让明明改掉坏习惯。

（4）家校合作。经常与明明的妈妈沟通交流，达成共识。对于明明在家里、在学校的一点点进步，也要大力鼓励，赞扬，让他明白只要自己认真努力地去做，也可以成为一个优秀的孩子。

四、教育效果

养成教育始于"养"，终于"成"，以"养"为手段，以"成"为目的。对学生进行养成教育，必须晓之以理、动之以情、导之以行。而"导之以行"是其中最为重要的一环。我通过每天的"唠叨"，提醒明明要整理好自己的书桌，要保持好自己的卫生，明明的个人习惯有了很大的进步，我和他的关系也在逐渐亲密。

后来，明明跟自己的同桌说，其实老师也没有那么凶、那么可怕，他就像哥哥似的关心着我们，爱护着我们。

五、启示与反思

学生的成长是反复的、复杂的，所以形成良好行为习惯的道路也是充满荆棘、充满困难的。对于小学生而言，教师在提出要求时一定要细中求细，哪怕一个扫地的动作，可以事先为学生进行示范，让学生懂得自己应该怎么去做。

教育是心灵的艺术，我们在教育学生时，首先要与学生建立一座心灵相通的爱心桥梁。蔡元培先生说过："教育之没有情感，没有爱，如同池塘没有水一样。没有水，就不能称其为池塘；没有爱，就没有教育。"要想搞好教育工作，教师就要有一颗赤诚的爱心，用爱关注学生，用行动感化学生。对于那些有坏习惯的学生，教师应给予他们更多的关爱，经常鼓励、帮助、督促他们，让他们逐渐增强自我控制能力。

同时，我们更应该重视家校共育。家长是学生习惯养成的第一任教师。家长的行为习惯、教育态度对学生习惯的养成起着至关重要的作用。家校应共同分析原因，进一步研究矫正措施，形成教育合力，从而让学生能够更好地发展。

第四章

研究者：与教师一起做教研

教师即研究者。从一定程度上来说，教研是名师与普通教师、专家与教书匠的分水岭。

校长是教育改革的先行者，是学校的引路人，要学会研究并指导学校教师一起做研究，坚持用研究的心态做教育。

通过研究，进一步改进教师的教学方法，培养学生良好的学习习惯，促进教师的专业化成长；通过研究，解决自身理论与实践相脱节的问题，形成良好的思维习惯，逐步成长为一名专家型校长，用教育家的情怀和眼光，丰富学校的发展内涵，提升学校的办学品质。

我的教育科研观

专业研究是教师成长的关键。我认为，引导教师研究自身知识结构、研究学生、研读课标、研究教材、研究课堂、集体教研、研发课程，是帮助教师成长的必经之路。教师应结合课标、教材建构学科知识体系思维导图，系统把握教材内容，站在课程的高度设计课堂教学。同时，研发卓越课程，丰富生命样态，发掘教育资源。我校发挥自身优势，研发了"五美社团课程""仪式课程"，让教师真正参与到课程研究中，走上专业发展和职业幸福的道路。

一、为什么要成为研究者

苏霍姆林斯基在他的《给教师的一百条建议》中指出，作为一名教师，如果你想从自己的劳动中找到一些乐趣，那你就应当走上研究这条道路。

坚守教育梦，需要有令人信服的教育理念，令人信服的教育精神，令人折服的教育智慧。读书是研究的基础，思考是研究的过程，写作是研究的呈现方式，实践是研究的结果。

反思的价值就在于，让我们暂时停下前进的脚步，反思自己的优势和劣势，反思自己的得失，重新整理，再次前进。

英国课程理论家斯滕豪斯早在二十世纪七十年代就提出，教育科学的理想是，每个课堂都是实验室，每名教师都是科学研究的成员。思考将为我们指引前进的道路，这也是研究的力量。

二、怎样成为研究者

首先，要有爱心。作为一名教师，要热爱自己的工作，这是做好一切教育工作的前提。苏霍姆林斯基说过，没有爱就没有教育。爱能唤起教育者对教育工作的全身心付出，静下心来聚焦教育、思考教育、分析教育、探寻教育。

其次，要有细心。面对教育工作中的矛盾和问题，教师要找出正确的、合适的教育策略，防微杜渐。例如，面对学生学习成绩下降，教师不要简单地将原因归结为学生不认真听讲，要从自己的教学方法、学生的微妙变化和家庭情况等方面综合考虑。

再次，要有耐心。古人云："十年树木，百年树人。"从人的成长规律和周期来看，做教育尤其要有耐心。《荀子·劝学》："不积跬步，无以至千里；不积小流，无以成江海。骐骥一跃，不能十步；驽马十驾，功在不舍。锲而舍之，朽木不折；锲而不舍，金石可镂。"持久的意志力、不达目的不罢休的心态，是一个人成就一番事业必不可少的品质。面对学生，教师要具有持久的耐心和恒心。

最后，要有思路。做教育需要有爱心、细心、耐心，但更重要的是要有方法和思路。面对教育问题，要知其然，更要知其所以然。教师要用研究的心态从现象中寻找本真、总结规律、探求本质，逐步形成结构化的思路和做法。例如，面对个别学生作业不能及时完成的问题，教师首先要分析这种情况是不是具有偶然性和普遍性；其次，考虑作业设计得是否科学；再次，要进一步调查了解以前学生的作业习惯如何，教师应该如何正确处理和加以矫正。

教师的研究形式很多，日常可养成写教学反思的习惯，如坚持写教学日志、写专业发展自我规划、观摩教学录像等，以进行自我矫正。

对于反思的内容，可以从课堂反思入手，按照"教学行动—回顾行动—分析问题原因—创造替代性方案—新的尝试"循环交替进行。每次反思的对象都要具体，可以是课件、问题、导入、作业、板书、提问、纪律、效果、重难点或小组学习的情况等。同时，要重建对问题实践的认识，按照结构化写作方法，通过确立研究问题找出问题所在，从而提出相应的改进策略。

三、如何展现研究成果

如何合理表达研究结果，是很多教师在科研中面临的一大困惑。可以说，当前教师对如何表达自己的研究成果既缺乏应有的重视，又缺乏有效的指导。实际上，研究成果的表达不仅有利于提高教师自身参与研究的兴趣和教学反思能力，也有利于推动教师之间进行交流，实现研究成果共享，从而共同成长。

反观现实，许多教师在认真完成了自己的研究课题后，往往苦于不知道该如何呈现自己的研究成果，甚至一提到研究成果，脑海中就会不自觉地想到论文、研究报告、著作等，似乎只有"文行天下""著作等身"，才能算"修成正果"。实际上，由于教师研究与专业研究在研究目的和研究任务上的不同，教师研究成果的呈现方式相对于专业研究来说往往更加多样化，表达上也更为自由。适合教师研究的表达方式有教学课例、教育案例、教育叙事、教学反思、教育研究小报告等。

同时，教师要养成随时搜集资料并深入思考整理的习惯。研究资料是多元化的，所听、所闻、所想、所感都是资料。教师不仅要通过观察、问卷调查、深入访谈等方式，尽可能获得第一手资料，还要用心观察、随时发问、努力记录、缜密思考，多写教育日记、教育随笔、教育后记、教育案例和教育反思。

四、贵在坚持

坚持是一种人生智慧，更是一种处世态度，是通向成功的必经之路。做任何事情都需要坚持，做研究更是如此，都需要研究者有锲而不舍的恒心和毅力。

水为什么能够穿石？因为坚持。坚持是走向成功的一个重要要素。我们可以每天留给自己一个半小时时间：半小时读书，半小时反思，半小时写作。坚持一段时间，就会有意想不到的收获。

校长怎样与教师一起做研究

校长应该积极营造科研氛围，为教师的专业成长提供科学的教学指导、教学服务和教学引领。

一、校长要做教科研活动的参与者

校长是学校的领导者，是全校师生行动的标杆，在教科研活动中具有举足轻重的作用。因此，校长不仅要积极参与教科研活动，还要履行作为教育管理者的义务，勇做学校教科研的参与者。

在管理过程中，校长要多去一线观课，积极参与议课。校长的办学思想和行动，影响着教师教科研积极性的高低。在各级教学常规中，每个学期校长都要听一定数量的课。在听课过程中，校长要与教师一起探讨、一起议课，了解教学一线的实际情况。校长对教科研的关注，是教师成长的催化剂。学校的教科研需要校长的积极参与和大力支持，如开展"教师读书沙龙""课题组活动""教科研知识"讲座等，加强校长对教科研的参与和引领作用。

二、校长要做教科研活动的指导者

教科研工作不是一蹴而就的，往往需要一定的研究周期。因此，校长首先要有恒心，拟定工作规划，从小处着手，指导教师静下心来有序开展研究工作。无论是课题的立项筛选，还是研究过程和结题，都要坚持做到理论与实践相结合，在摸索和实践中，争取做深、做精、做出成果。其次，要指导教师以研究的心态进行教学，这样可以保持研究方向的一致性，让更多的教师积极参与到研究中来。再次，要引导教师经常实践、反思和写作，开展经常化、常规化、系列化的研究活动，这是展示教师才华、实践课题成果、提炼教学精髓的重要手段。最后，校长要与教师多沟通，激励教师成长。同时，还要帮助教师准确分析存在的问题及不足，这样才能更好地指导教科研工作，才能更有效提高教师进行教科研工作的积极性。

总之，作为校长，要始终深入学校教学一线，善于发现问题、提出问题、解决问题，以研究的心态做教育，抓全面、抓重点、抓提高、抓全员、抓骨干、抓典型，积极服务于学校的教科研工作。

三、校长要做教科研活动的引领者

俗话说，无规矩不成方圆。任何活动，都需要一定的规则来保证，没有规则就没有管理，也就没有了前进的方向。在制定学校教科研奖惩办法的基础上，校长首先要带头进行教科研，成为走在教师队伍前面的人，鼓励其他教师积极参与。例如，让教师记录自己的学习体会，形成读书笔记，学期结束后进行检查和评比；每学期指导教师阅读教育专著，引领教师的学习。同时，还要及时表彰那些在教科研活动中表现突出的教师，发现和纠正那些教科研活动中的不良倾向，树立科研兴教、科研兴师、教科研为荣的教育意识。

四、校长要做教科研活动的示范者

古人云："其身正，不令而行；其身不正，虽令不从。"在教科研活动中，校长要以身作则，率先垂范，积极参与观课议课活动，掌握第一手教科研实践素材，这不仅给教师的实践活动提供了方向和引领，还发挥了自身在教科研活动中的示范榜样作用。这样一来，许多教师开始关注自己的课堂、形成教学反思，开始阅读教育教学方面的相关书籍，良好的教科研氛围逐渐形成。同时，教科研不只是注重教育教学文章的写作和发表，还要把实践中提炼出的理论反馈到教学一线，在实践活动中发挥引领和指导作用。

同时，可以利用学校的校刊和网站及时对优秀论文及研究成果进行宣传，将好的教学教育方法进行总结和推广。其实，教师写教育教学文章的过程，就是一种学习，也是教科研的一种方式。当然，教师的教学实践要想达到更高的理论层次，开展一些理论学习，走"实践—理论—实践"的不断提高之路是必不可少的。

五、校长要做教科研活动的促进者

常言道，习惯决定人生。一个良好习惯的养成需要长时间地坚持。因此，培养教师的教科研习惯也要有一定的时间做基础。为教师提供充分的教科研时间是促进每位教师教科研意识进一步提高的保证。校长需要建立长效和持久的执行机制，需要分阶段地实施教科研计划，在计划的引领下，进行阶段性的训练，使教师循序渐进地积累素材和经验，养成教科研的习惯。我校以教科研常规活动为抓手，加大教科研的资金投入，订阅了一批教育教学方面的报刊，开展了"教学月""集体备课组""读书读报沙龙"等活动，形成了独具学校特色的教科研方式，并得以长久地固定和保持下来，随着学校的发展不断进行补充和完善，让每位教师都养成良好的教科研习惯，让学校形成独特的教科研活动风格和模式，真正实现科研兴校的办学目标。

当然，校长还要积极为教职工的学习创造机会，采取"请进来"和"走出去"等灵活多样的活动方式，鼓励教师在活动中不断提高自身的业务能力，引领教师的专业化成长。

深入课堂教学 开展教研教改

作为一名校长，通过课堂指导与教学研究的规范化、常规化设计，不断改革学校的组织管理、健全教师专业工作管理制度、促进教师专业共同体的形成，是深入开展教研教改的重要前提。

一、校长要做专业理念和认识上的领导者

首先，校长要成为学校课程教学的领导者，其不仅要掌握课程教学的专业知识，还要充分理解和认识课程的理念和标准。这就需要校长掌握与课程教学相关的专业知识，掌握学生不同发展阶段的培养目标和标准要求，了解课程编制、课程开发与实施、课程评价的相关知识和教材，以及国内外课程教学改革的经验，掌握课堂教学以及教育信息技术应用的一般原理与方法。

其次，校长要想发挥自己在学校课程教学中的领导作用，还需要强化对课程教学的理解与认识，解决观念上的一些问题。做到既要面向全体学生，又要因材施教，全面提高教学质量，树立立德树人的教育责任意识和担当意识。同时，尊重教师的实践智慧，积极进行教育教学改革，努力创造平等、互动的氛围，尊重每位教师的个体经验，促进教师的专业发展，保证学校的长远发展。

二、校长要打通教师教学能力提升的专业通道

学校对教师课程教学工作的管理，要从粗放低效的行政管理，走向高效精致的专业化管理，这是校长打通教师专业化通道的关键所在。作为农村小学，学校日常粗放管理的问题很多，校长应深入课堂，让每个环节的内容更精细，

让教师的教研管理与组织更有效，这是改变教师专业发展模式、实现教师教学能力提升的重要途径。

（一）加强校本研修，搭建教师专业发展的阶梯

农村学校因地处偏远，相对听得少、看得少、学得少，再加上教师大都来自农村，校本研修往往徒有形式，时效性不强。真正的校本研修，应该能不断提升教师自身的教育教学水平，帮助教师走出困境和误区，走上专业发展的良性轨道。那么，怎样才能改变现状，把教师带进真正的校本研修，让教师享受专业成长的幸福呢？

首先，校长是校本研修的参与者和组织者，校长应严把集体备课的质量关，成为推进教师队伍素质整体提高的领航者。指导教师在备课中要严格遵守制度规定，做到每次活动都定时间、定地点、定主讲人、定活动内容、定活动形式。校长要亲自参与，增强全体教师的校本研修意识，通过实践活动，让教师真正感受到学校的发展不光取决于生源，更重要的是教师教育教学水平的提高。

其次，校长要改革校本研修的方式，成立以校长为组长的学科随堂听课小组，针对全体教师，了解学科教学的现状，掌握教师的课堂教学特点，熟悉每个班级的学生状况，发现问题后有针对性地提出学科整改建议。通过结对研修制度聚焦课堂，让青年教师上公开课、骨干教师上示范课、研修组长上研究课，为教师创造更多的研修成长空间，促进不同层级教师专业水平的提升。

（二）加强常规管理，推动教师教学工作的变革

教学是学校的中心工作。备课、上课、作业、辅导、评价教学五个环节，每个环节的失误都会影响整个教学链条的持续健康运行，影响学校的教学质量。校长及教务处要及时关注，以精细化的管理方式，落实好每一教学环节的管理监控和指导。

关于备课。对不同年龄及水平的教师的备课要提出不同的要求，如青年教师必须备详案且使用手写教案；中年教师可以使用电子备课但要有修改的要求；老教师和骨干教师可以备简案，并及时对中青年教师做教法指导。校长应带领全校推行先学后教，形成有指导性的学科学案集。

关于上课，学校倡导精讲精练的高效教学，变教师怎么讲为学生怎么学，改革教师的教学角色和学生的学习方式，明确每个年级学生的心理特征及要求，开展教师高效课堂教学达标活动。

关于作业。认真落实教育部关于各年级作业的有关规定，要求作业设计必须做到"新、趣、精、活、动"五字方针，让学生用最少的时间，采取灵活多样的方式，主动完成教师布置的作业，提高其综合素养。

关于辅导。要确保不让一个学生掉队，结合学生个体智能结构的特点，采取不同的教育策略和要求，不局限于师生结对帮扶，还可以生生结对、小组帮扶、轮流帮扶，做好每个学生的成长记录，开展小组集体竞赛。

关于评价。学校采取了评价方式多样化、评价内容多元化的评价办法，包括自评、同桌评、小组评、教师评和家长评，调动学生参与评价的积极性，激励学生健康成长。

三、校长要深入课堂　引领教师解决教学顽疾

有人说："想要走得快，就单独上路；想要走得远，就结伴同行。"农村小学普遍缺乏一种专业发展的支持系统，这种支持系统是基于教学的全过程、基于团队的发展、基于教师专业素养提升的支持系统。校长要想促进教师的专业提升，必须发挥团队的力量。

（一）制定学校学科教学要求及教案

课程标准是课程编写的标准，也是课堂教学的标准。教师个体很难有时间仔细研究课程标准，即使有时间也会因为教师的能力水平与认识的局限性而难以真正理解和细化课程标准。为此，学校必须组织各学科骨干教师及有丰富经验的教师力量一起研读各学科的课程标准，结合学校的实际情况，形成有本校特色和实用价值的各学科教学要求。接着，由各学科备课组根据拟定好的教学要求编写基准教案，每个备课组要有一位骨干教师审核把关，然后在全体教师的研讨交流反馈中进一步完善教案，并在每个教案后附上高效练习题，以供学科组教师参考。

（二）健全教学研究管理制度

常言道，无规矩不成方圆。要想使良好的教学教研做法长久地坚持并保持下来，学校必须建立健全相应的组织管理制度、日常教育教学研究制度、学习

制度和评价制度等一系列规章制度。通过组织管理制度强化对教研活动建设的引领指导作用；通过教学研究制度提高教师主动参与教研活动与反思重建的能力；通过学习制度提升教师的学习能力；通过评价制度明确教师在教学研究中的责任绩效，激励教师积极参与，支持教学教研活动的持续开展。

　　作为一名校长，随着社会、家长对教育服务的要求不断提高，学校面临着课程与教学改革的一系列挑战。校长只有在深入听课的过程中，及时发现问题、解决问题，才能不断提升课程质量与教学质量。因此，一位优秀的校长，需要不断地在课程与教学中发现问题，并组织与引领教师团队解决问题。

建立研训制度 引领教师成长

校长作为教师专业发展的第一责任人，不仅要尊重、信任、团结教师，而且要尊重教师专业发展的规律，激发教师发展的内在动力，引领教师的成长，使学校不仅成为学生成长的地方，而且也成为教师成长和发展的地方。作为教师成长的引领者，校长要具备关于教师成长的专业认识，掌握引领教师发展的知识和方法，还要不断发展和提升引领教师成长的专业能力。

一、加强领导 提升校长对教师成长的专业理解与认识

优秀的师资队伍是学校竞争与发展的宝贵资源，课程改革给教育带来的一大挑战莫过于教师的专业化。可以说，在课程改革中，没有教师的专业发展，就没有课程改革的发展。因此，校长应关注教师在课程改革中的成长。

教育部颁发的《义务教育学校校长专业标准》专业职责中，引领教师成长就是其中的一项职责，体现了校长的义务与责任。换言之，校长要做教师发展的引领者。要做到这一专业职责的要求，就需要校长具备专业的理解与认识、专业的知识与方法。

二、健全校本研训评价制度 调动教师专业成长的积极性

学校是教师成长的重要场所，以学校为本的教师培训是教师专业发展的重要方式，是教师群体为解决教学实际问题，利用集体智慧跨越个体障碍、合作成长的有效途径。一些农村小学的明显问题是校长对教师专业化认识不全面、考核内容不具体、机制不健全，不能有效调动教师学习的积极性。

那么，如何才能让校本研训真正有效、真正促进教师的成长呢？这就需要

学校制定制度，有意识地对学校的校本研训课程、研训方式、监督评价等方面进行研究、规划和设计，设立以教师专业发展阶段目标为中心的研修制度，形成学校对教师专业发展的导向和期望。学校校本研训制度的完善需要从三方面入手，一是设计建立师德研修评价制度，促进教师师德水平的提高；二是创设教师专业发展制度，促进教师尽快成长为研究型教师；三是完善教师梯级发展目标评比制度，促进教师专业成长的积极性。

三、激发教师对内在成长的需求

农村教师由于长期埋头于日常教育工作，往往安于现状，部分教师认为凭自身的水平、经验，完全可以应付当前的教学工作，满足于既有的经验与成绩，排斥教学理论的学习与指导，片面强调教学经验对教学实践的作用和意义，以教学经验取代教学理论，急功近利地追求教学的短视效应。

如何打破这一困局，让教师看到自身的差异，营造激励教师内在需求的环境，唤醒教师潜在的研究意识，让每位教师都置身于充满专业自觉的进步和发展氛围中？那就是开放课堂，让教师打开教室的大门，随时随地开展听评课活动。通过"看别人的课堂，说别人的课堂；看别人的课堂，想自己的课堂；看自己的课堂，说自己的课堂"，教师的心态开放了，教研氛围浓厚了，课堂效率也就提高了。为进一步确保课堂开放的质量和效果，学校要以听课质量为抓手，使课堂开放从活动化走向制度化、从形式走向内涵；建立一系列听评课制度，优化课堂开放全过程，通过相互学习与交流实践，寻找提高课堂教学质量的方法和策略。

四、开展教育"研训超市"活动 让教师的想法流动起来

教师掌握现代教学技术的水平参差不齐，安排统一的培训、学习相同的内容，不仅作用不大，还容易导致校本教研重形式、轻效果问题的产生。

作为校长，可以巧妙地运用信息卡解决这一问题，开设教育"研训超市"活动，让每位教师在"找"和"招"的信息流动中，找到适合自身发展的校本研修活动，让教师的自身需求和研修目标有了选择的空间。"研训超市"能够使教师分享自己的想法、见解和实践智慧，进而使教师和教师之间建立起信任和互惠关系。

五、发挥骨干教师示范作用　搭建起教师专业成长的舞台

校本研训是教师群体共同进行的解决问题的活动，需要教师个性的发挥，没有个性就没有创造性，没有创造性的群体就不具备创造能力。农村学校相对来说比较封闭，加上师资相对薄弱，平时接受专家指导的机会较少，工作中有时会感到迷茫。如何在校本研训活动开展的过程中搭建舞台，创设适合教师个人发展的多元化条件，是校本研训活动需要关注的要点之一。

针对以上问题，我们积极创设条件，搭建舞台，确定了"发挥骨干教师的示范引领作用，带动全体教师，提升研修品质，促进教师专业化发展"的工作思路。首先，让骨干教师通过开放课堂、讲公开课、观摩课等，感受新教育理念，提升教育实践智慧。其次，为其他广大教师搭建了学习、观摩、研讨的平台，形成了全校性、开放式的研修氛围。再次，开展骨干教师结对帮扶活动，把青年教师的成长与对骨干教师的评价相结合，这对骨干教师的发展提出了更高的要求，同时也为青年教师的发展创造了良好的条件。

智慧教育的实践与研究

一、智慧教育的缘起

三十多年来的教育实践时常让我思考这样一个问题，为什么众多同龄学生在同一间教室、听同样的教师授课，最终的学习效果却千差万别呢？究竟是什么原因导致学生出现如此大的分化和差别呢？

我查阅了大量的教育资料，经过学习和研究，发现导致这种问题的原因是每个学生的智力基础不同以及班级授课制下教师的个别化教学水平的差异。

一是每个学生的智力基础不同。家长是孩子的第一任老师，家庭教育环境、父母受教育水平以及遗传基因，决定了每个学生的起点和基础不同，他们的学习能力和接受水平自然存在不同。

二是教师的个别化教学水平的差异。有些教师没有很好地落实因材施教的教学原则。教育的根本目的是要发掘每个学生的优势，扬长避短，让其获得成功与自信，带动其他方面的发展，最终促进人的全面发展。

三是随着时间的推移，有些学生落下的知识越来越多，学生的学习分化也就越来越大，差别也就越来越大。

综上所述，一个人的学习成长与其家庭环境、父母遗传、学校教育及后天努力程度是分不开的。在这些影响学生学习发展的因素中，遗传因素和个人因素是基础，家庭因素和教育因素起到促进作用。

根据美国教育心理学家霍华德·加德纳的多元智能理论，每个人都具有相对独立的八种智能结构，即语言智能、逻辑数学智能、音乐智能、运动智能、空间智能、内省智能、人际智能和自然智能，但由于环境和教育条件的不同，其发展的方向及程度也不同。教师的根本任务就是要帮助学生发掘他们的优质智能，因材施教，从而使学生获取自信和成功。

二、什么是智慧教育

英国教育家怀特海说，教育的全部目的就是使人具有活跃的智慧。

北京师范大学教授顾明远指出，教育的本质就是改变人的思维。而改变思维的本质就是人的智能。

在中文语境中，智慧是"能迅速、灵活、正确地理解事物和解决问题的能力"；在英文语境中，智慧是"利用知识经验做出好的/善的决策和判断的能力"。学者祝智庭认为，智慧是一种高阶思维能力和复杂问题解决能力，智慧的精神内涵是伦理道德和价值认同，智慧强调文化、认知、体验、行为的圆融统整。霍华德·加德纳在《多元智能》中提及智能是"在特定文化背景下或社会中，解决问题或制造产品的能力"。

传统意义上的智慧教育是传授给学生系统的科学知识、形成学生的技能、发展学生的智力以及培养学生能力的教育。广义的智慧教育是一种更为全面、丰富、多元、综合的智慧教育。在我国，信息化环境下的智慧教育可以追溯到钱学森先生早在1997年就开始倡导的"大成智慧学"。

我校倡导的智慧教育是指以多元智能理论为依据，创设一定的环境和条件，采取多种方式及策略，在引导学生发觉、应用、丰富自身优势智能的同时，获取成功，建立自信，从而带动和促进其他智能的发展，最终实现人的全面发展。

智慧教育能够激发学生唤醒自己的智慧，开启自己的智慧，丰富自己的智慧，创造自己的智慧，让校园成为每个学生智慧人生的摇篮。《国家中长期教育改革和发展规划纲要（2010—2020年）》提出，当今世界正处在大发展、大变革、大调整时期，人才竞争日趋激烈，我们应该更多关注教育的品质和质量，从培育"有知识的人"转向培育"有智慧的人"，引领师生过一种智慧教育生活。

三、智慧教育的办学构想

近年来，学校以多元智能理论为教育理念，以让学校成为师生共同成长的智慧乐园为办学目标，以培养秀外慧中的学生为育人目标，以快乐读书、智慧成长为校训，逐步确立了智慧教育的办学思路。特别是在创建智慧型校园环境、开展智慧德育、塑造智慧教师、构建智慧课堂、开发智慧课程、实施智慧评价等方面，进行了诸多大胆的探索。

四、智慧教育的改革成效

（一）形成了独特的管理思想——校长修身治校"六要诀"

有水的品质——上善若水以德服人；有水的韧劲——水滴石穿以柔克刚。

有水的胸怀——海纳百川有容乃大；有水的勇气——一往直前敢于担当。

有水的好学——流水不腐常学常新；有水的清洁——纤尘不染洁身从教。

（二）确立了多元智能发展的学生观——每个学生都能成才

在人才观上，多元智能理论认为每个学生都是聪明的，但聪明的范畴和性质呈现出差异性。我们要用赏识和发现的目光看待学生。

（三）重新定位了教学观——不让一个学生掉队

在教学方法上，多元智能理论强调应该根据每个学生的智能优势和智能弱势选择最适合学生个体的方法，因材施教。我们要关注学生的差异，善待学生的差异，在教学中，根据学生的差异，运用多样化的教学模式，促进学生潜能的开发。

在教育目标上，多元智能理论主张根据学生的情况来确定最适合的发展道路。通俗来讲，多元智能理论不是让学生"千军万马过独木桥"，也不是简单地给学生"多架几座桥"，而是主张给每个学生"都建一座桥"，让"各得其所"成为现实。

（四）采取了丰富多彩的课堂教学策略——小组创新学习模式

观念的变化带来教学行为的变化，教师备课、上课不再像以往那样仅仅为了完成教学大纲的要求，而是更多地从关注学生、开发学生潜能、促进学生全面发展等方面来考虑。采用多种方式和手段呈现教学策略，改进教学的形式和环节，努力培养学生的多种智能。在教学形式上，重视小组合作学习和讨论，以利于对学生的培养。在教学环节上，重视最后的反思环节，培养学生的内省能力。

（五）构建了一套智慧课程体系——"智慧五彩"校本课程

根据多元智能理论，我们研发了"智慧五彩"校本课程，巧妙地将国家课程、校本课程及个性课程有效地整合统一，实现了以趣激智、多元发展的课程育人目标。

语言智能课程——语文、英语——文学社团——经典诵读、当代小记者、"金话筒"、课本剧。

数理智能课程——数学、计算机——科技社团——棋类、魔方、七巧板、机器人、电脑绘画。

空间智能课程——音乐、美术——艺术社团——书画、剪纸、绘画、泥塑、舞蹈、器乐。

运动智能课程——体育心理健康——体育社团——篮球、排球、乒乓球、羽毛球、健美操。

探索智能课程——科学、思想品德——环保社团——小气象员、小农艺师、小旅行家、环保小卫士。

面对乡村小学专业师资缺乏的问题，我们通过开展"教师1+1""学生1选1"的"快乐星期五 智慧五彩课"活动，让每位教师发挥自己的特长，让每个学生自主选课，走进自己喜欢的班级，最大限度地满足了学生个性化发展的需要，逐步形成了自己的办学特色。

（六）形成了一套完整的智慧教育评价体系——多元评价方法

评价方式多样化。自评、互评、同桌评、小组评、师生评、家长评。

评价内容多元化。涵盖各个学科，同时包括良好习惯养成方面，如安全、纪律、卫生、德育、劳动、读书等方面的内容。

评价目的具有激励性。以鼓励学生为目的，采取积分换卡的方式，开展每周"星级智慧少年"评选活动。

（七）培养了一批智慧型教师队伍——"仁智"兼修型教师队伍

培育智慧少年，当以培养智慧型教师为先。叶澜教授曾说过，具有教育智慧，是未来教师专业素养达到成熟水平的标志。通过阅读，教师能够增加文化底蕴，提升文化内涵，挖掘自身潜能，从而提高教书育人的能力。

读有所悟、有所得，方能生成教育智慧，内化于心、外化于行。因此，在做好共读的基础上，积极引导教师写阅读心得、写课后反思、写培训感悟，使其逐步养成"读书、实践、反思、写作"的习惯，提升教师的理论水平。

（八）营造了一种现代化校园文化环境——诗意型校园文化环境

智慧创造文化，文化涵养智慧。在文化的浸润下，自然会"生成"智慧，实现师生共同的"智慧成长"，从而让校园充满人文气息和生命活力。

我们结合办学理念，因地制宜，精心设计，通过打造新兴智慧文化建筑元素，美化校园，赋予校园人文精神。同时，在教学区域凸显了"智""思""悟""仁"等文化符号和愿景引领，达到了"借奇石以悦人性，假草木以静心情"的效果。同时，利用教学楼的墙、柱、廊、橱窗、宣传栏等，围绕"以德育智""以书启智""以理明智""以艺生智"四个主题，整体设计楼道文化，适时悬挂古今中外名人有关启智励志的名言警句、古典诗词等，定期按主题展评师生作品。

此外，通过标准化建设，利用信息技术、网络技术，构建智慧管理智能系统，为智慧教育搭建现代化的教育管理环境，实现智慧教育的现代化发展。

小组合作学习的研究与思考

从教育要培养社会所需要的人和促进人的全面发展来说，培养学生的合作意识和能力是非常重要的。随着新一轮基础教育课程改革的逐步深入，课堂教学的组织形式正在悄然发生变化。原来单一、被动的学习方式已被打破，出现了旨在充分调动和发挥学生主体性的多样化的学习方式，如自主学习、合作学习、探究学习。下面我结合自己的教学经验谈一下对小组合作学习的认识与思考。

一、什么是小组合作学习

小组合作学习是指在小组或团队中为了完成共同的任务，每个成员相互支持、互相配合、共同探索的有效互动过程。它将班级授课制条件下学生个体间的学习竞争关系，改变为组内合作、组际竞争的关系，将传统教学中师生之间的双向交流改变为师生、生生之间的多向交流，不仅提高了学生学习的主动性，而且促进了学生间良好人际关系的发展，小组合作学习已经成为提高教学效率的新策略。

二、小组合作学习教学模式的构建

（一）理论依据

（1）合作教学理论认为，每个学生由于发展水平、兴趣爱好不同，对同一事物有不同的理解和认识程度上的差异，而这种差异正是学生间可以进行交往与合作学习的前提。

（2）心理学理论表明，良好的人际关系能促进学生的认知、情感和行为三种不同层次的学习心理状态的提高。小组合作学习为学生创设了一个能在活动中积极交流的机会，对于学生间形成良好的人际关系、合作意识、合作能力等方面都具有积极作用。

（3）动机激发理论认为，激发动机的最有效手段是在课堂教学中建立一种"利益共同体"。小组合作学习就是创设了这样一种情境，使小组各成员尽自己最大的努力，极大地调动学生学习的积极性。

（二）小组建设

教师根据班级实际情况将学生进行分组，分组时本着自愿的原则，每四人组成一个小组，不去强调学习成绩的好坏。这样生成的小组才有可能具有团队精神，小组的每个学生都为自己所在的小组而努力，形成巨大的向心力。

分组的同时，教师要阐明小组的特殊意义，让学生明晰自己在小组内的职责：为整个小组的成功贡献自己的力量。反之，如果小组内有一人掉队，将会影响整个小组的成绩。此外，小组在建设过程中要重视对学习小组长的培养，小组长必须具有较高的综合素质，学习要优秀、责任心要强、十分自律，而且要乐于助人，善于倾听别人的意见，有一定的组织能力。

（三）环节实施

（1）自学导引。教师根据教学任务和教学内容设计出供学生预习用的学案，针对每个知识点设计问题，以问题来引导学生进行思考。学生通过自学掌握能够学会的知识，并加以记忆，同时找出疑点、提出问题。这一环节以自主学习为主。应注意的是，解决问题是能力，提出问题更是能力，在设计学案时，要有意识地引导学生发现问题，提出问题。

（2）组内交流。学生围绕自学中产生的疑点和问题，在组内展开讨论，形成共识。在交流的过程中，通过互相表达和倾听，不仅能使自己的想法更好地表达出来，而且还可以了解他人对问题的不同理解，使学生对知识的理解逐步加深。

（3）展示总结。这是一个全班的交流过程，教师给每个小组分配任务，让每个小组汇报本组对知识点的认识和收获，在交流的过程中，可以提问其他小组成员，同时可以列出本组内不能解决的问题，其他的小组在听的同时可进行补充或辩论。教师的任务是点拨、强调、评价、归纳、升华。在此过程中，要积极引导每个学生都站在小组的立场上，增强学生的集体荣誉感。当遇到一些有争议的问题时，教师可以延缓评价，抓住机会，引导学生在此基础上做进一步的交流合作与探索。

（4）效果验收。教师针对本节课的重点内容设计验收题，检验本节课的学习效果。

（5）教师评价。评价是对学生的一种肯定，一种鼓励。因此，教师要对每个学生的实际水平和在小组中的表现进行深入了解和观察，要善于发现学生的闪光点。对合作效果较好的小组、组织能力较强的组长、积极参与学习的学生，要及时评价、表扬和激励，让他们充分体验合作的乐趣，充分享受成功带来的喜悦。

教学有法，教无定法，贵在得法。以上几个环节，可以根据教学实际进行合理调节，不能生搬硬套。

三、开展小组合作学习应注意的问题

（一）合作学习前应留给学生独立思考的时间

合作学习是建立在学生个体合作需要基础上的，在学生苦思而不得其解时进行合作学习才有价值、才有成效。但在实际教学中，有些课为了追求合作气氛，在教师呈现问题情境后，不给学生留片刻的思考时间，立刻宣布"下面开始小组合作学习"。这样，学生来不及独立思考，要么组内形成"一言堂"，要么讨论流于形式，达不到合作学习的目的。因此，在小组合作学习前，教师一定要让学生有独立思考的时间。

（二）合作学习中教师要精心设计问题

教师设计的问题要有利于学生动脑，主动探究知识；有利于集体研究，促进合作学习。教师不要提过于简单、不假思索就能解决的问题。问题过于简单，学生立马就会，看起来能使气氛活跃，但久而久之，学生容易形成思维惰性，不利于创新意识的培养。

（三）合作学习中教师要参与并调控学习节奏

合作学习时，教师不能袖手旁观，而是要深入每个学习小组，参与其中的

学习、合作、交流，做平等的参与者、耐心的引导者、热情的帮助者；同时，要强调组员之间的对话、交流与合作，也可适当引导学生进行组际间的交流。在这个过程中，教师的任务就是"沉下去"，并适时对各种情况进行调控。

总之，小组合作学习作为一种教学方法、教学模式，不是一种简单的形式，不应该成为一种外部强加的过程，而应该是一个内部需要的自然过程。只有充分地鼓励学生之间、师生之间进行合作与交流，学生解决问题的积极性和创造性才能得到充分发挥，这样合作学习才能真正体现出其实效性。

【案例链接】

一堂难忘的听评课

一、背景与起因

作为校长，我听过的课不计其数，但多年前在 E 校听过的一堂"平行四边形面积"课，至今让我难以忘怀。

那时，我刚到 E 校任职不久，学校正推行青年教师"晒课"活动。小王老师是刚毕业不满三年就通过招考进入学校的教师，她热爱教育事业，关爱学生，积极上进且勤奋好学。她担任班主任的时间虽然不长，但班级管理有条不紊，各项工作有计划、能落实，有板有眼，堪称青年教师的榜样。

最令人称赞的是，小王老师的课上得非常出色。尽管年纪轻轻，却已在各级教学比赛活动中崭露头角，赢得了不少家长和老师的好评。

怀着满满的期待，我和众多老师一同走进了小王老师的课堂。

二、过程与方法

小王老师那富有磁性的声音、生动的课件、有趣的课堂导入、严谨的教学风格，再加上充满活力的课堂氛围以及学生跃跃欲试的学习劲头，让在场的教师拍手称赞。

然而，万万没想到的是，接下来出现了意外状况，教室里突然断电了。这是小王老师始料未及的，她瞬间慌了神，教室里顿时鸦雀无声，无论是学生还是听课的教师，都紧盯着小王老师的一举一动。

三、结果与成效

但最终的结局并非大家所期待的那样，小王老师以事先准备的课件不能用为由，草草收场，结束了课程。大家带着些许失望纷纷离开了她的课堂，为她感到惋惜。

事后，我听老师们说，她难过得独自落泪了。

四、案例分析

这堂原本精彩的课因为突发的断电事件而草草结束，令人惋惜的同时也引发了我诸多思考。

首先，从教师的角度来看，小王老师在面对意外情况时表现出明显的慌乱，这反映出她在教学应变能力方面有所欠缺。尽管她在平时的教学中展现出了优秀的一面，但对于突发状况的应对能力明显不足。这也提醒我们，教师在教学过程中不仅要注重教学设计和常规教学能力的培养，也要提升自己应对各种突发情况的能力。

其次，从教学准备的角度来看，过度依赖课件是这堂课出现问题的一个重要因素。现代教育技术固然能够为教学带来便利，但如果教师在心理和实际操作上对其过度依赖，一旦出现技术故障，就会导致教学工作无法正常进行。这就要求教师在准备课程时，要充分考虑到各种可能性，确保即使没有课件等辅助手段，也能凭借扎实的教学基本功和对教材的深刻理解完成教学任务。

再次，从学校和教育管理的层面来说，这次事件也提醒我们要加强对教师应对突发事件的培训和指导。学校可以通过组织相关的研讨活动、案例分析等，帮助教师提高应对意外情况的意识和能力。同时，在教学评价方面，也不能仅仅以一堂课的顺利与否来评价一位教师的教学水平，而应该综合考虑教师在日常教学中的表现以及应对困难和挑战的能力。

总之，这堂难忘的课虽然留下了遗憾，但也为教师的成长、教学的改进以及学校的管理提供了宝贵的经验和启示。

第五章

学习者：且行且思且成长

校长的成长是一场不断学习、深刻反思与持续实践的进程。如果缺乏教育理论指引，其成长将步履维艰，难以抵达成功的彼岸。因此，校长要想成长，必须坚持学习。

捧一本教育书籍，从字里行间感悟理论精髓；与同事真诚对话，于思想碰撞中拓宽教育视野；向专家虚心求教，借他人思想之光雕琢自身；俯身倾听学生心声，在信息化浪潮中开辟学习新路径；借助网络平台，以高效便捷之姿获取前沿资讯；扎根教育实践，在课堂与校园的沃土中汲取鲜活养分。

当书香浸润心灵，当思考启迪智慧，当实践沉淀经验，校长便能在教育的天地间收获内心的丰盈。每一次思维的碰撞、每一回躬身的探索，都将化作推动教育事业发展的力量，让教育理想在实践中绽放光彩。

坚持学习，既是校长成长的必经之路，也是对教育初心的坚守。愿每位教育工作者都能在此找到共鸣，以学习者的姿态，在教育的沃土上且行且思，收获不一样的精彩！

读书是校长职业生活的底色

专业阅读促进专业发展。学校打造了"守望新教育读书群""心向书海"微信读书打卡群，定期推送优秀书目，引领教师进行专业阅读。同时，学校还制订了读书计划，通过专业阅读打破自己的思维壁垒，突破旧的思维框架影响，形成专业的思维方式，从而指导教育教学实践，提升专业素养。

爱因斯坦说过，对世界名著、文学名著不阅读、不欣赏的人，等于高度近视的人不戴眼镜。作为校长，要千方百计地沉下心来，读书，读书，再读书。不读书，就会浮躁；不读书，就会肤浅；不读书，就容易变得非理性。一句话，不读书，你就会距离教师这个职业的本质越来越远。

苏霍姆林斯基在《给教师的建议》一书中，十分强调教师的读书学习，他指出，教师的教育素养主要取决于教师的读书，教师要把读书当作第一精神需要，当作饥饿者的食物。

英国哲学家培根也曾说过："读史使人明智，读诗使人聪慧，学习演算使人思维精密，学习哲理使人思想深刻，学习逻辑修辞使人善辩。总之，知识能塑造人的性格。"

读书，能在痛苦的时候，给人安慰；愤怒的时候，使人镇静；软弱的时候，使人坚强；绝望的时候，给人希望；胆怯的时候，给人勇气；迷惘的时候，使人清醒。

当然，作为一名校长，不仅要学会向书本学习，还要学会向实践学习，向同事学习，向专家学习，向学生学习。做到读万卷书，行万里路，知行合一，方能有所收获。

一、向书本学习　提高专业意识

医治无知的良方是读书。的确，读书是教育者的"根"。"根"不朽，教育的"干"就茁壮，教育的"枝叶"就繁茂。

苏霍姆林斯基说过，教师要在繁重的工作中找到乐趣，使天天上课不至于变成一种单调乏味的义务，那就得走上读书研究这条幸福的道路。

二、向专家名师学习　明确研究方向

俗话说，人生能走多远，看与谁同行；有多大成就，看有谁指点。专家名师是教师成长的催化剂、助力器。向专家名师学习的方式包括书信、电话、网络联系、外出培训、聆听报告、面对面请教等。我们可以学习专家名师的教学案例、教学视频、教学实录，也可以学习专家名师的教学思路，明确今后努力的方向。

三、向领导和同事学习　变换研究的视角

"三人行，必有我师焉。择其善者而从之，其不善者而改之。见贤思齐焉，见不贤而内自省也。"因此，校长要时刻做到解剖自我，发现不足；研究他人，吸取精华；谦虚谨慎，戒骄戒躁；和谐相处，共同发展。同时，向领导和同事学习的方式有很多，可以相互听课、评课，共同探讨，也可以面对面请教与交流，随时弥补自己的短板与不足，丰富自己的内涵。

四、向学生学习　信息社会不容忽视的学习新渠道

在信息化社会，学生也成为校长学习的重要资源之一。校长要放下架子，虚心、耐心地学习学生的某些优秀方面，丰富自我、完善自我、提高自己。

五、外出培训学习　开阔自己的视野

自 2010 年以来，我先后参加了北京师范大学、华东师范大学的培训和新教育培训，研读了《素质教育在美国》《吴正宪与小学数学》《邱学华怎样教数学》《小学数学专题研究》《现代教学的理论与实践》《创造性教学通论》《中国教育实验与改革》《新教育》等教育理论著作，聆听了国内外教育领域知名专家、学者的多场报告，参观考察了全国几十所知名学校。专家前瞻性的教育理念、精辟的教育理论，名师高水准的授课，都让我眼界大开，受益匪浅，

几十年教学工作中的种种困惑得以解开、思考得以印证。我每天都在忙碌着、收获着、兴奋着，这些培训使我对教学的认识有了质的提高，同时对教师职业的定位有了明确的认识。

六、向网络学习　充实自己的头脑

书是科学的总结、智慧的源泉、生活的指南，给人提供认识客观世界和开启科学宝库的万能钥匙。信息化时代，电子书让读书变得更加快捷、方便、高效。

当前社会，校长要赢得教师和学生的认可，不是件容易的事情。校长要有丰厚的知识储备，在互联网高度发达的时代，校长也要关注网络，学会在海量的信息中获取真正有用的信息，随时充实自己。

作为"新教育人"，我们要在全面正确认识新教育的同时，冷静地分析和思考，在鲜花和掌声面前，在众多追随者面前，我们更需要严谨、冷静和科学，要保证新教育沿着正确的路径前行，绝不能让新教育成为一种包装、一种表演。我们要让教育植根于泥土，远离浮躁、回归本真。对此，我想起陶行知先生谈新教育。他对"新"给出了三个含义：一是要"自新"。陶行知先生认为，教育应该适应本国的国情，应该本土化，在吸收外来先进理念的基础上自我发展、创新。二是要"常新"，教育要适应社会的发展，要根据社会的发展情况不断创新发展教育。三是要"全新"，不能旧瓶装新水，也不能只是换种包装，要做到从形式到内涵的全面创新与发展。

"见人""入场""穿墙""悟道"

三月的北京，风和日丽，春意浓浓，历时七天的面向未来教育名师、名校长培训即将落下帷幕。连日来，来自北京师范大学的二十多名教育专家、学者为我们送来了一道道"精神大餐"，带给我们一次次心灵的洗礼。精彩的报告和演说使我"如饮甘露"。如今掩卷而思，回想专家学者的观点，反思自己的教学实践，正如北京师范大学王教授所言，成长中我们经历了"见人""入场""穿墙""悟道"的研修四部曲。

"见人"：即遇见我们的培训老师。有人说，人生有三大幸事，读书时遇到好老师，工作时遇到好领导，结婚时遇到好伴侣。北京师范大学作为中国基础教育领域重要的学习基地，引领着中国基础教育的发展方向。

七天里，我们聆听了二十多位专家学者以及来自一线特级教师的精彩报告，有年近花甲的老教授，也有风华正茂的青年学者，他们热情洋溢的演讲、深入浅出的阐释、风趣幽默的演说，让我们感动、使我们震撼。

"入场"：即穿堂入室。连日来我们先后转战北京师范大学京师学堂、金辉宾馆各报告厅，深入课堂，考察了北京师范大学附小，考察内容涉及课程改革、教材编写、信息技术教育、心理教育、艺术教育以及各个学段的教育教学理论。这里既有资深专家的教育理念，也有权威专家的课改解读；既有系统的教育理论指导，也有来自一线特级教师和优秀校长的实践经验介绍，让我们收获颇多。

特别是在走进北京师范大学附小的课堂时，我们深深地被两位老教师的教学艺术所感染。这两位教师虽然执教的学科不同，但无论是他们精练的课堂语言，还是整体的教学设计，都令我们折服。那轻松自如的课堂驾驭能力，那自然流淌的问题生成，无不闪现着教师的教学智慧，使整个课堂流淌着鲜活的生命力。

"穿墙"：即打通培训内容各环节之间的壁垒和屏障。本次培训最大的特点就是以全学科、全学段的视野去设计培训内容，组织培训活动，涉及教育教学的各个层面和各个领域，力求使我们从不同的角度、不同的方向去倾听、去感受、去思考、去顿悟。

为此，我们积极消化、吸收和整合所学知识，努力打通各学科、各学段和各领域间的壁垒，逐步吸收内化。我们穿越了实践与理论之间的障碍、当今与未来之间的隔阂，跨越了学科与学段之间的屏障，使各个学科的核心素养得以融会贯通，传统教育与未来教育得以链接，信息教育与学科教学有效整合，创新教育与创客教育巧妙融合。我们进一步更新了教育观念，提高了感性认识，丰富了教育理论。

"悟道"：即反思感悟。老子曰："道可道，非常道。"我们且学且思，且行且悟。每场报告，每个案例，每个观点，都给我们带来启迪，带来灵感，带来感悟，带来收获。

国培教育随笔

2017 年 6 月 11 日，是我参加教育部小学骨干校长国培报到的第一天。

一、初入校园

走进北京师范大学的校园，身居全国师范教育的最高学府，似乎回到了学生时代，一种清爽之感伴随着幸福感油然而生。先前的那些喧嚣和浮躁、繁杂和纠结早已抛到九霄云外，赫然映入眼帘的是一块刻有"学为人师，行为世范"的高大石碑。

仰望这八个金光闪闪的大字，作为一名有着三十年教龄的教育工作者，我不禁感慨万千，这不仅是对教师道德情操的规范和要求，也是千千万万教师教育情怀的浓缩和写照。

走进校园深处，这里繁花似锦，绿树成荫，不仅让我感受到了大学之大，还感受到了丰厚的文化底蕴，特别是在参观了校史馆之后，这种感受更加强烈。

今天是我参加国培的第三天，上午我们按照事先安排的时间来到了北京师范大学的东门，一起前往中关村一小。

尽管我已经不是第一次来北京了，但还是第一次去中关村，以前只是在电视新闻中听过，中关村国家自主创新示范区是全国第一个国家级高新技术产业开发区，想必那里的学校也非同一般，于是，我前去参观学习的热情和期待更高了。

二、"葵花精神"

我们陆续走下车，首先映入眼帘的是一排排黄色的向日葵。"哪来这么多向日葵？"我不由得赞叹起来，旁边一位女校长告诉我，"那是他们的校花。"

中关村一小以葵花为主题引出了葵园和葵文化，社团、课程也用葵花命名，将葵花的精神植根于每个学生的心灵。相信"葵花精神"会伴随这里的学生走过一生。我想，"葵花精神"的确既有思想性又有文学性，真是一个不错的选择。

三、学生视角

一切从学生的角度做教育，这似乎是中关村一小教职工的共识。走进大门，最吸引眼球的是楼上镶嵌的五个红色大字"做最好的我"，这是中关村一小的核心价值选择，围绕这个核心，他们以自主发展、主动适应和自我超越为理念，构建了自主教学课堂，引导学生以自主发现问题、研究问题、解决问题和应用问题为主线，逐步培养学生的自主学习发展能力。

学校根据学生的特点和需要设立了百余种校本课程和微社团组织，有力地支撑起学校这一理念的实施，相信从这里走出去的学生会是自主、自立、自强和自我发展意识能力强的人。

四、魅力课堂

走进中关村一小的课堂，观看完两位年轻女教师的课，校长们无不为其精彩的教学艺术所震撼，那经久不息的掌声就是对她们的赞赏。她们的课堂非常高效，学生瞪大了眼睛，全神贯注地参与、观察、思考、交流，从发现问题到探究问题，再到合作解决问题，环环相扣，步步跟进，引人入胜。学生从基本的认知到新知识的形成，水到渠成，一气贯通，脸上露出的是快乐的、轻松的笑容。

中关村一小让我学习和反思的地方还有很多，我在今后的工作中会慢慢地消化和吸收。

五、茅塞顿开

今天上午听了北京师范大学国学教育经典教育中心徐教授的报告，我对国学经典教育的认识更进一步，从教育的发展、民族的生存、社会的转型以及国家的发展层面认识到了国学的意义和价值。

听君一席言，胜读十年书。一直以来，作为校长，我见过的国学教育方面的宣传不胜枚举，但或许因为自己在偏远乡村任教的缘故，我对国学教育并没有足够的重视。

人文教育的重要内容之一是国学经典，人文教育不仅包括了智慧，还包括了爱；不仅包括了道德，还包括了对道德的敬畏。

回想自己的学校，培养学生智慧的方式固然有千万种，但是作为传统文化瑰宝的国学经典，是千百年来中华民族文化的积淀和智慧结晶。从这个意义上讲，学校可以把国学经典列为学校校本课程的内容之一，以此开启学生的智慧人生。

走进华东师范大学

五月的江南，好似人间天堂。

清晨，我与来自全市的 80 多位教育同仁一同踏上了南去的快车。透过车窗放眼望去，蓝的天、绿的地，好一派欣欣向荣的江南秀丽风光。

走进华东师范大学的校门，尘世的喧嚣立刻消失在浓密的法国梧桐后，取而代之的是校园的优雅宁静。一条华夏路由东向西纵贯全校，狭长的丽娃河畔，垂柳依依，有人垂钓其间，自得其乐。校园里道路繁多，路名清雅别致，如同园林一般。道路两侧树木各异，尽显江南风情，好一个书香胜地。

我们或静坐在学术报告厅里，听专家讲课，与教授交流；或游走于名校之间考察实践，紧张而快乐，劳累而充盈，感动而幸福。我们追寻着、探求着，用激情点燃岁月，用憧憬描绘未来。

一、理论学习

一周下来，我们聆听了十二位国内一流教授专家及著名校长的专题讲座，这里不乏面带微笑、温文尔雅的博士生导师；亦有朴实无华、治校有方的专家型领导；还有声如洪钟、霸气十足的国学大师；更有声名显赫、循循善诱的教育部课改专家；也有柔声细语、腼腆可爱的特级教师以及讲话声情并茂、妙趣横生的大学客座教授，培训内容涵盖了教育的各个领域。可以说每个讲座，就是一次头脑风暴，都是一次思想盛宴，洗涤着陈旧的教育思想，催生着新的教育智慧，点燃着新的教育激情。我们就这样经历着、体验着、感动着、收获着，心情就像雨后的春天一样清爽。

钟启泉教授在"静悄悄的课堂革命"主题报告中，为我们描绘了波澜壮阔的"新课改"，诠释了"为了中华民族的伟大复兴，为了每位学生的发展"的"新课改"理念。他慷慨陈词，"对于我们来说，缺的不是信息、不是技术，而是思维方式。我们需要摆脱'非此即彼'思维方式的束缚，坚定课程改革的大方向。"由此，我们更加坚信，尽管改革面临着诸多挑战，但多元的声音所激起的对话与争论，便我们看到了二十一世纪中国基础教育的曙光。

高纪良教授的"破译课堂有效教学的密码"主题报告更让我们茅塞顿开、欣喜不已。首先，高教授让我们对有效教学形成了一个系统而全新的认识，对于有效教学，高教授借助赏石美学提出了有趣的"透、瘦、漏、皱"四字秘诀。所谓"透"，就是要求教师吃透教材、吃透课程标准、吃透学生、吃透练习，只有把备课工作准备"透"了，方能在课堂上胸有成竹、运用自如。所谓"瘦"，是指教师对教材的内容要烂熟于心，充分抓住教材的重点、难点和关键，精讲精练，达到提纲挈领、触类旁通的效果，切实减轻学生的课业负担，提高教学效率。所谓"漏"，就是空白的意思，漏中见灵性，灵性含睿智，智生乖巧，这就要求教师在教学中要为学生留出充分的时间和空间，培养学生自主学习的能力。所谓"皱"，是指有一定的节奏变化，始终体现出一种变的感觉，它要求教师在课堂教学中有一定的节奏变化，体现教学的艺术性，如教师的语言要做到抑扬顿挫、跌宕起伏，教学节奏要快慢有序，教学方法要不拘一格，作业设计要有创新，不可千篇一律，要充分调动学生的注意力，激发学生的学习兴趣，从而提高课堂的教学效率。

上海建平学校特级教师李老师的报告，令我记忆犹新，我们常常被她的妙语连珠和赏心悦目的诗词所震撼。李老师有着深厚的语文教学基本功，她的"在对话交往中实现诗意栖居"的主题报告让我感悟到教育即对话的深刻含义。

"教师的职业道德与社会伦理的反思"是华东师范大学程亮老师的报告题目。在这里我看到了当代教师职业道德所面临的挑战，为长期以来的工作困惑找到了明确的答案。

闵行实验小学的何学峰校长，他魁伟的身材，浑厚的声音，充满智慧的教育形象以及系统成熟的治学理论，无不令我们折服，那处处闪烁着创新的思想和智慧的火花，为校长们点燃了心灯，照亮了远方的路。

站在时代的前沿，展望世界基础教育的发展前景，华东师范大学基础教育改革发展研究所所长杨小薇的"我国基础教育改革的热点透视与观念重建"报告，让我们感受到了未来教育发展的方向和教育内部改革的重点，教育内部均衡已成为我们当前社会转型期不可回避的课题。

最让我们震撼的是华东师范大学基础教育研究中心吴亚平教授的报告，她直言不讳地指出了当前课堂教学中存在的种种顽疾，并结合案例进行了深入浅出的分析，为我们指出了具体可行的矫正策略：其一，从整体上把握教材、施教课堂，杜绝教学知识点状化；其二，突出学生认知的过程，培养学生获取知识的能力；其三，利用认知过程产生的矛盾和冲突，重视师生、生生之间的互动。

结业典礼上，徐老师那娓娓动听的话语时刻萦绕在我的耳边，"优秀是一种习惯，更是一种品质"。我深知，这是对我们的鼓励，更是一种希冀。

回想自己的成长历程，贫寒让我懂得了拼搏，苦难磨炼了我的意志，从小失去母爱的我懂得了什么是人间大爱，即便是在人生道路上偶尔取得一点成绩，靠的也是那份执着和坚守。

二、教育考察

当我们走进闵行区教师进修学院附属梅陇实验学校时，一种和谐、奋进的气息扑面而来。无论是学校的领导还是师生都有这样的共识：只有一流的德育，才会形成一流的教育环境；只有一流的教育，才会有一流的质量，才会铸就一流的办学品质。该校提出的"阳光教育"究竟是什么呢？简单讲，主要包括励志教育、自信教育、责任教育、礼仪教育与感恩教育五大主题。

三、分享讨论

八天的培训学习，内容丰富，研修形式多样。其中，小组讨论和经验分享活动，是最受大家喜欢的形式。

小组的专题讨论内容都是大家感兴趣的、当前教育的热点难点问题，如学校文化建设、德育工作、新课程改革、学校制度建设、教师队伍建设以及如何进行培训学习。讨论会上，大家知无不言、言无不尽，尽情发表自己对教育问题的不同看法，在碰撞中求同存异，共同提升。

每次参与经验分享活动，我们都会有一种"淘金寻宝"后的喜悦。经验分享会上，大家真诚无限，毫无保留地介绍自己学校的办学经验、自己的管理心得，也坦诚地面对自己在学校管理中出现的问题和吸取的教训，坦言自己对当前中国基础教育改革的迷茫与困惑。经验分享内容涉及学校管理的各个方面，有教师专业发展、学生多元评价、课堂教学改革、主体德育建构、学校品牌打造、学校文化建设、薄弱学校改造等，可谓特色纷呈，内容丰富。

短短八天的培训学习，在漫漫人生路上只是短暂的一瞬间，但是从开始培训的那天起，这段经历就成了我生命中的永恒记忆。这段经历使我感受颇多，受益匪浅，细细品味，余香袅袅，心中似清泉涌动，让我反思，促我奋发。

读叶澜教授的基础教育文章有感

近日，因身体抱恙，居家闲来无事，夜里偶然读到叶澜教授的文章，颇有些兴奋，不由自主地一口气将全文通读，掩卷而思，极目远眺，茅塞顿开，甚是酣畅。

回味叶澜教授的观点，结合我三十多年来的教育实践和认识，以个人视角观察剖析，大致有如下四点感想。

一、影响人的发展的核心因素是自主意识

以前，我曾认真思考过这个问题，并由此出版了《破译孩子的智慧密码》一书，想为广大教师和家长提供一些参考。

叶澜教授的生命实践教育所倡导的"四个还给"，以及对教育的界定，即"教天地人事，育生命自觉"，其实都在强调一个人发展的基本条件，那就是自我意识和主动意识，我以前一直称之为自主意识，这是作为一个生命真正内生发展的前提条件，人的发展最终就是要达到这个阶段。越是优秀的人，其自主意识也是越强的。

目前，在我们的教育及其管理中，很多教师忽视了这一点，采取"满堂灌"的注入式教学，这种方式固然在短时间内能让学生学到相对多的知识，但往往缺乏学习的后生力量和可持续性发展。

二、影响教育质量的因素

简单来说，叶澜教授概括了二层次三因素，即先天因素、后天因素和环境因素。我的观点是两因素五条件，即外因和内因，内因包括先天遗传条件、自

主意识条件；外因包括家庭教育条件、社会环境条件、学校教育条件。对许多学生来说，他们的问题大部分都是出在自主意识的培养上。这个问题先天源于家庭教育，后天源于学校教育，结果体现为学生是否最终养成了独立的自我意识和主动意识。

这就是为什么众多学生都在同一所学校上学，在同一个班级上课，接受同样的教育，其外部条件及教学内容相同，最终的学习效果却有所差异的重要原因。

三、课堂和班级仍是学校教育的主阵地

第一，作为一名校长要更新观念，树立生命自觉教育意识，将其始终贯穿于整个教育教学活动中，指导自己的教育实践活动和改革，不可半途而废。

第二，要以课堂教学和班级管理为突破口，培养学生的自主意识，做到全员参与，不让一个学生掉队。

第三，课堂教学改革要很好地落实叶澜教授的"四把四还"原则，教师做到精讲精练，把主动权留给学生，把空间留给学生。教师注意转变角色，从控制者转变为引导者、参与者及指导者。

第四，班级管理要做到人人有任务、事事有分工、时时有管理。实行竞争上岗、轮流负责、定期总结，采用动态管理机制，让全班学生都有参与的机会，都有责任意识，都有竞争的乐趣和动力。

当然，班级管理可结合班级活动及班本课程进行，要朝着培养学生的自主意识这个大方向努力，积极创设让学生参与的机会，体验活动过程，积累学习生活及活动的经验。让学生尽可能多地经历和体验，以充分积累达成生命自觉的心理条件和基础，形成积极的生命自觉的态势。

【案例链接】

影子校长手记

一、背景起因

在教育这片广袤无垠的"田野"上，每位教育者都是辛勤耕耘的农夫。我有幸在"齐鲁名校长"培训项目的引领下，成了一名跟岗学习的"影子校长"，这不仅是一次角色的转变，更是一场心灵与智慧的深度修行。从港城日照的碧海蓝天，到江南常州的烟雨朦胧，我来到了那所充满生命关怀与人文关怀的局前街小学。在这里，我有幸结识并深入了解了李伟平校长，一位将终身学习视为信仰、将师生共同成长视为使命的教育领航者。

李伟平校长年近六旬，依然保持着对教育的无限热忱与追求。他不仅是中小学骨干教师国家级培养对象，更是江苏省首批人民教育家培养对象、江苏省小学语文特级教师，入选江苏省"333高层次人才培养工程"第二批中青年科学技术带头人。此外，他还是常州市"831"新世纪学术技术带头人的培养对象，担任常州市小学语文教学研究会会长以及常州市首批名教师工作室负责人。这些头衔与荣誉，无不彰显着他在教育领域的卓越成就与深远影响。

然而，对于李伟平校长而言，最宝贵的并非这些外在的光环，而是他对教育的热爱与执着以及那份永不停歇的学习精神。他的办公桌上、书架上都摆满了教育类书籍，这些书籍不仅是他智慧的源泉，更是他心灵的栖息地。他深知，作为一名校长，只有不断学习，才能引领学校不断前行。因此，他亲自为每位教师制订读书规划，以此激励教师们共同学习、共同成长。在李校长的引领下，局前街小学成了一片充满书香与智慧的"沃土"，师生们在这片土地上共同播种希望，收获成长。

二、过程记录

2003年的夏天，当李伟平校长初入局前街小学时，面对的是一所设施落后、教学滞后的学校以及众多质疑与反对的声音。然而，他并未退缩，而是迎难而上，寻找学校变革创新的突破点。正是这份虚心与勇气，让局前街小学迎来了翻天覆地的变化。

在李校长的精心策划与领导下，学校确立了"教天地之人事，育生命之自觉"的生命关怀教育理念。这一理念不仅体现了对学生成长的关怀与尊重，更彰显了教师职业的幸福与价值。为了将这一理念落到实处，学校进行了全方位的改革与创新。在建筑风格上，学校既秉承了龙城书苑的传统风格，又巧妙融入了现代建筑元素，使校园既古朴典雅又充满现代气息。而双门慢速电梯、七彩隔音墙、减速楼梯扶手、绿色可视窗台等设计细节，更是处处体现着对学生成长的细心呵护与尊重。

在课堂教学改革方面，局前街小学同样取得了令人瞩目的成就。开放性、灵活性、生长性成了课堂的共同特质。无论是年轻教师的试教课，还是骨干教师的常态课，都紧紧围绕着学生的需求与兴趣展开，真正实现了从学生需求出发的教学理念。教师们不再是单纯的文本解读者，而是教育教学的激发者、合作者与激励者。他们通过精心设计的教学活动与课程内容，激发学生的好奇心与求知欲，让他们在探索与发现中不断成长。

此外，学校还开发了节律课程，如人文节庆课程、自然节气课程、学期节点课程等。这些课程不仅丰富了学生的课余生活，更实现了人与自然、人与社会、人与自我的有效沟通。在制度制定方面，学校推行了柔性管理，充分考虑教师的实际情况与需求，为他们创造了一个宽松、和谐的工作环境。在教科研方面，局前街小学更是打破了年级组、学科组之间的壁垒，以项目组为单位进行自下而上、上下一体、纵横联通的协作研究。这种创新的教科研模式不仅激发了教师的科研热情与创新能力，更为学校的持续发展注入了新的活力。

三、反思和启示

在李伟平校长的带领下，局前街小学充分实践了生命关怀的教育理念，成为一所师生共同成长的标杆学校。作为一名"影子校长"，这次跟岗研训虽然短暂，但我的收获却是无比丰厚的。

（一）善于学习：校长成长的原动力

在李伟平校长的身上，我看到了一名优秀校长应具备的终身学习意识与能力。他深知，只有不断学习，才能跟上时代的步伐，才能引领学校不断前行。因此，他始终保持着对知识的渴望与追求，不断通过阅读、交流、实践等方式提升自己的专业素养与领导能力。这种学习的精神不仅使其个人不断成长与进步，更为学校的发展注入了源源不断的动力。

（二）改革创新：学校发展的底色

创新是推动学校发展的不竭动力。通过虚心请教、勇于变革，李伟平校长找到了学校发展的新路径。他敢于打破常规，敢于尝试新的教育理念与教学模式，使学校焕发出了新的生机与活力。这启示我们，作为校长，应具备创新意识和能力，不断推动学校的发展与进步。只有这样，才能让学校在激烈的竞争中立于不败之地。

（三）学生视角：学校教育的出发点与落脚点

局前街小学的一切设计、教学、课程都体现了对学生成长的关怀与尊重。这也提醒我们，教育应始终以学生为中心，关注学生的需求与成长。只有真正从学生的角度出发，才能设计出符合他们身心发展规律的教育内容与方式，才能让他们在学习与成长中感受到快乐与幸福。

（四）节律课程：关注学生成长的内在规律

节律课程的开发实现了人与自然、人与社会、人与自我的有效沟通。这也启示我们，课程的设计应关注学生的成长节律与内在规律。只有根据学生的年龄特点、兴趣爱好以及认知水平来设计课程，才能真正促进学生的全面发展与个性成长。

（五）课堂转型：基于学生需要的成长乐园

局前街小学的课堂改革充分体现了从学生需要出发的教学理念。这也告诉我们，课堂应成为学生探索、发现、成长的乐园。教师应摒弃传统的灌输式教学方式，转变为学生的激发者、合作者与激励者。通过精心设计的教学活动与课程内容，激发学生的好奇心与求知欲，让他们在轻松愉快的氛围中快乐学习、健康成长。

作为校长，我们应深刻认识到自己的责任与使命。我们不仅要不断提升自身的专业素养与领导能力，更要引导教师将更多的注意力从关注知识学习转移到关怀学生的生命上来。我们应多一点柔性、关怀与鼓励，少一点苛刻、冷漠与批评。只有这样，我们才能保护好学生的天性，让学生尽情享受童年的成长快乐；我们才能培养出更多具有创新精神与实践能力的人才，为社会的进步与发展贡献力量。

第六章

引领者：在机遇与挑战中超越自我

　　作为引领者，校长要时刻保持自我反思和成长的意识。在教育日新月异的今天，校长必须紧跟时代步伐，不断更新自身的教育理念和管理方法。特别是在教师专业化成长的过程中，校长不仅是教师专业化成长的领导者、组织者，还是他们的引领者、示范者和实践者。面对机遇与挑战，校长要不断超越自我，引领教师成长和学校发展。

我的教育梦

在人生的长河中，每个人都在追寻着属于自己的那片"星空"。而我，自小便被那片璀璨的教育"星空"所吸引，怀揣着成为一名教师的梦想，走过了无数个春秋冬夏。如今，当我站在这方讲台，回望来时路，心中满是感慨与感激。

一、梦想的种子

我出生于二十世纪六十年代末。学校，对于我出生的那个小村庄来说，是一个神圣而遥远的地方。它坐落在村子前面，离我家不足百米，但却是一段无法轻易跨越的距离。说它是学校，其实不过是三间简陋的草房，整个学校只有一位民办教师——林老师，他既是三个年级复式班的任课教师，也是那所学校的校长。

我常常趴在教室门口往里张望，幻想着自己也能成为其中的一员。林老师偶尔会捉住我，吓唬一番，说我影响了他上课，但总不忘嘱咐我快快长大，明年也来上学。那时的我，对林老师充满了敬畏与崇拜，他的形象在我心中高大而伟岸。

母亲也常邀请林老师到家里来，帮忙给远在东北的亲戚写信。从母亲的言谈举止中，我能看到她对林老师的尊重。母亲常对林老师说："你看我生了这么多孩子，没一个能帮上我的，要是哪天他们也能像你一样，那该多好啊！"母亲的话，让我更加坚定了成为一名教师的梦想。

二、梦想的萌芽

"做一名好老师，成为一名好校长！"这颗梦想的种子，在我心中悄然萌发。

为了这个梦想，为了完成母亲的心愿，我刻苦学习，不断求索。

1988年夏天，当我以优异的成绩从师范学校毕业时，我毫不犹豫地踏上了回家乡的路，成为一名乡村小学教师。那时的我，满怀激情与憧憬。

然而，面对改革开放的大潮，面对霓虹闪烁的城市街景，我站在乡村寂静的校园里，望着头顶满天的星光，一度感到迷茫和困惑，甚至流下了委屈的泪水。那低矮的茅房、残缺的围墙、半掩的柴门，以及偶尔从小巷深处传来的几声狗吠，都让我感到一种从未有过的孤独与失落。年轻的心，谁不向往那高高的楼群、繁华的都市风景呢？那一刻，我躺在床上偷偷哭了。

三、梦想的坚守

然而，父亲的话却深深地打动了我："孩子，三百六十行，行行出状元。"父亲的话，让我重新审视了自己的选择。我开始意识到，教育不仅仅是一份职业，更是一份责任与使命。

当我看到那些天真烂漫的孩子带着对知识的渴求走进校园时，当我看到那些年近花甲的老教师勤恳育人的背影时，我的心开始颤动。我想起了自己的中学时代，想起了母亲临终时焦灼与渴望的目光，想起了父亲含辛茹苦、省吃俭用供我们兄弟上学的日子。眼前的学生，分明就是当年的自己，在这些学生的背后，又有多少辛勤操劳、苦心经营和望子成才的父母啊。

良知与责任感，驱走了我内心的失落与苦闷。我的脚步开始变得坚定、沉稳而有力。我暗下决心，一定要做一名受人尊重和爱戴的好教师。

四、梦想的实践

为了使自己迅速适应教师角色，我一心扑在教学上。白天，我和学生打成一片；晚上，我在灯光下潜心学习教育教学理论，认真钻研教材教法，有时备课、批改作业至深夜。为了上好每节数学课，我常常要在学校的操场上自己模拟试讲好多遍。

由于过度疲劳，我的肾病复发了。在与疾病搏斗的四十多个日日夜夜里，我更加明白了人生的意义和生命的可贵，学会了带着感恩的心对待周围的一切。在我身体尚未完全康复时，我主动要求提前回到了讲台。因为我知道，自己离不开学生，学生也离不开我。

成长的路，有过风，有过雨，有过苦，也有过泪，但我从没有放弃过做一名好教师的信念。正是这份信念，使我一如既往地钟情于教育事业；正是这份信念，使我自始至终沉浸在专业成长的充实和愉悦中；也正是这份信念，让我忘却了城市的种种诱惑，在乡村小学中不断超越、不断提升、不断完善自我。

几十年来，我先后在多所乡村小学就职，教过小学语文、数学、科学等课程，当过班主任，干过教研员，做过业务主任，后来成为一名乡村小学的校长。无论工作怎么变化，我始终没有离开过讲台，始终对乡村教育怀有深深的情怀。

五、梦想的收获

这些年，我也获得过很多荣誉和赞赏。回望过去，昨天的成绩和荣耀只不过是人生旅程中一道不经意的风景；展望未来，我将一如既往地怀着感恩的心，在广阔的乡村教育大地上播种希望，用我的满腔热情和赤诚书写乡村教育更美丽的华章。

诗意地行走在教育生活里，让梦想照进乡村，让乡村成为有梦、有诗意的地方，让自己成为一名有德、有志、有才、有情、有思想的教育追梦人，用自己的学识、人格、阅历和激情影响学生，点燃学生对真善美的追求和向往，让生命诗意地栖居在校园，让校园成为师生向往的精神家园。

教育之路，任重而道远。愿我们每位教育工作者都能怀揣梦想，勇往直前，在教育的海洋中探航前行。让我们携手共进，为乡村教育的明天贡献自己的力量。

执着　名师成功的支点

尊敬的各位领导、各位专家：

　　大家好！很高兴今天能有机会得到在座各位专家的亲临指导。我来自一所乡村小学，1988 年 7 月参加工作。几十年来，我始终坚持在教学一线工作，时刻不忘学习和提高自身素质。在领导的关心和同事的帮助下，我先后荣获"日照市师德风范先进个人""岚山区优秀教师""岚山区小学数学学科带头人""日照市骨干教师""日照市小学数学教学能手""山东省小学远程研修课程指导专家"等荣誉称号。多次参加各级各类讲课、说课比赛，其中"积的各部分之间的关系"一课获全国说课一等奖，"角的认识"一课获省电教优质课二等奖，"能被 2、3、5 整除的数的特征"一课获市级优质课，并多次在全区教师培训会议上做专题讲座。我于 2001 年参加了"跨世纪园丁"工程首批骨干教师省级培训；2002 年参加了山东省教育教学刊物（人教版）《开心自助餐》的编写；2004 年参加了义务教育小学数学新教材（人教版）《伴你学》新课程的编写及修订工作，同年 8 月参加了《全国小学数学三年级教科书》（青岛版）及《教师用书》的编写工作，主持参与了省、市、区多个重点实验课题，有三十多篇论文在国家、省、市级刊物上发表或获奖。

　　随着工作的深入，我对教育工作的理解也在不断加深。从十九岁初为人师，直至今天成长为一名学校的管理者，其间我经历了一次次教育观念的洗礼。特别是自 2010 年有幸成为"日照市名师建设工程"人选以来，我积极参加省、市、区组织的各项研修培训活动，加强学习，勤于研究，主动发展，积极发挥引领示范带动作用，全力促进学校中青年教师的发展与提高。在师德修养、教育教学、名师博客建设、教改科研、辐射带动、研修学习等方面取得了优异的成绩，得到了学校、家长及社会的一致好评。

一、加强修养　提高执教影响力

古人云："其身正，不令而行；其身不正，虽令不从。"我认为就教师的职业而言，最重要的就是做人，只有自己懂得如何做人，才能做好育人工作。"言行一致，表里如一，言为师表，行为世范。"从踏上教育工作岗位的那天起，这就是我对自己的要求。作为学校工作的管理者，我带头遵守学校的各项规章制度，认真履行教师职业道德规范，思想上进步，业务上求精，从不随意迟到、早退和旷课。特别是从事校长工作以来，我更加严格要求自己，心里总是牵挂着学校。工作中要求学生做到的，自己首先要做到；教师做不到的，自己也要尽可能地做到。多年来，我行走在校园的小路上，用智慧和汗水浇灌学生的成长，在默默地奉献中，逐渐雕琢和完善着自我。

二、加强实践　提高执教技能

自 2010 年以来，我虽然主持着学校工作，但我始终未曾离开课堂，未曾离开那些快乐的孩子，一直兼任小学数学和科学等课程的教师。我知道，我的生命在教育，我的快乐在课堂，课堂是充满灵性的地方，课堂是师生成长的舞台，离开了课堂，我的生活就会失去光彩，变得黯淡无光。为此，我首先在课堂教学中努力锤炼自己，上好每节课，力争把每节课都当作优质课来上。每学年我都有意识、有重点地精心准备几节公开课。其次是坚持开展听评课活动，这是教师提高教育教学能力的一种重要方法，也是教师专业成长的重要途径。几年来，我始终坚持每学年在校内听评课不少于二十节。

三、加强指导　提高示范带动作用

近年来，我校青年教师人数明显增加，为适应教育发展的新形势，塑造高素质教师群体，使青年教师队伍尽快成长、脱颖而出，我在培养和指导青年教师方面采取了如下做法。

（1）深入课堂指导，坚持开展听评课活动。特别是自 2010 年我担任山东省小学远程研修课程指导专家以来，为了不耽误学校的工作和上课时间，我积极利用节假日和休息时间，累计观课、指导点评课例一百余节，点评作业一千余份，推荐优秀作业八十余篇，在省级课程简报上发表专家指导性文章四篇。

（2）加强示范课引领，充分发挥示范带动作用。每学年我都要求自己举行示范课不少于六节，其中县级以上公开课不少于两节。为了更充分地用好名师资源，我们建立了名师导教导学制度：每学期向全校或各教研组做专题讲座一次，介绍课程改革的最新动态，传授教育教学经验，跟踪指导青年教师成长等。

（3）建好名师平台，充分发挥其辐射引领作用。自 2010 年建立名师平台以来，在各级领导的指导下，及时通过平台进行交流，充分发挥辐射引领作用，融专家学者之智慧，逐步形成了自己的教育理念。

四、加强科研　提高执教水平

教育教学经验是否丰富，不只看教龄的长短，更重要的是对教育教学工作的反思与积累。叶澜教授曾经说过："一个教师写一辈子教案难以成为名师，但如果坚持写三年反思则有可能成为名师。"因为只有不断反思才能发现问题，在发现问题和解决问题的过程中，才能不断提升自己。三年来，我坚持认真撰写教育教学随笔与案例，先后有多篇论文在市级以上教育教学刊物上发表。

在教科研工作中，我努力要求自己做专家型、学者型教师。近几年，我所主持的"小学数学创新教学模式研究"荣获日照市第十届优秀科技成果奖；"小组合作学习的研究与实践"荣获岚山区教育科学课题成果一等奖；所参与的山东省教育科学"十一五"规划重点课题"应用信息技术，培养自主探究意识"荣获山东省结题成果二等奖；"加强校本研究，促进教师专业化成长"课题获国家级优秀教育科学课题成果二等奖。

五、加强学习　提高执教的原动力

2010 年以来，我先后参加了北京师范大学、华东师范大学的培训和新教育培训，研读了《素质教育在美国》《吴正宪与小学数学》《邱学华怎样教数学》《小学数学专题研究》《现代教学的理论与实践》《创造性教学通论》《中国教育实验与改革》《新教育》等教育理论著作，聆听了国内外领域知名专家和学者的五十多场报告，参观考察了全国几十所知名学校。专家们前瞻性的教育理念、精辟的教育理论，以及名师高水准的授课，都让我眼界大开、受益匪浅，几十年教学工作中的种种困惑得以解开，点点思考得以印证。

　　苏东坡说："古之立大事者，不惟有超世之才，亦必有坚忍不拔之志。"回首过去，展望未来，我决心继续实践课改，植根课堂，在反思中感悟，在感悟中成长，不断提高自身的学术修养和教学水平。

乡村教育的守望者

　　几十年前，从师范专业毕业后，我就选择将自己定格在教育事业上。几十年中，我转战五所村级学校，承担多个岗位的工作。无论工作怎么变化，不变的是我对乡村教育的倾情守望。

一、痴心不改——衣带渐宽终不悔

　　1988年，我从师范毕业，回到了自己的家乡碑廓镇大湖小学任教。从报到那天起，我就立志做一名受人尊重、学生爱戴的好教师。

　　为了使自己迅速融入教师角色，我一心扑在教学上。白天，我与学生打成一片；晚上，我在灯光下潜心学习教育教学理论，认真钻研教材教法，有时备课、批改作业直至深夜。为了上好每节数学课，我常常要提前模拟试讲多遍。为了提高学生学习科学课的兴趣，我组织了"飞向明天"科技小组，开展第二课堂活动。当时的学校没有资金、没有实验室，学生也没有基础，我就从自己微薄的收入中挤出钱来买零件、买实验器材。为了抓好班级管理，我大胆实施了班长轮流负责制，推行学生自主管理模式。

　　1994年，我被调到镇中心小学工作，次年被提拔为学校教导处副主任。当时的学校师资紧缺，我一人兼任两个年级的数学课。为迎接省里的验收，每天除了完成教学任务，我还要到各个村小实地核查，晚上则统计表册、汇总数据。为了确保数字准确无误，我经常通宵达旦地工作。2006年9月，我被调到碑廓镇司田小学一所乡村小学主持工作。身为校长，我始终坚持在教学第一线。2014年9月，由于合班并校和工作需要，我又来到了碑廓镇二朱曹小学工作。

二、爱心育人——春风化雨，润物无声

我认为，没有爱就没有教育，对学生要爱得深沉，爱得真切，爱得全面。这样，教师才能真正与学生相融。

怎样爱学生？在长期的教育教学实践中，我总结出了"三心"做法：在思想上正面引导，做学生的知心人；在学习上因材施教，做学生的有心人；在生活上热忱关怀，做学生的贴心人。

有一个单亲家庭的学生好玩耍、爱打架，常因上网而逃学，分班时没有班级愿意接收，我便主动把他接到自己班里。我对这个学生生活上关心，学习上帮助，每逢节假日还给他补习功课。爱是阳光，可以把坚冰融化。通过一个学年的努力，这个学生终于远离了网吧，对学习产生了兴趣，成绩也有了很大进步。三年后，他顺利升入了中学，后来也成为一位教师。

多年来，我对学生付出了多少心血，很难说清。有的学生病了，我拿药送饭；有的学生付不起学杂费，我给垫上；有的学生没有衣服穿，我给买上。多年来，我累计家访学生六百余人次，资助贫困生近一百人次。

三、潜心教研——勇立潮头结硕果

教学是一门科学，更是一门艺术，必须有扎实的教学功底和科学的教学方法。从执教那天起，我就一直努力要求自己做专家型、研究型教师。多年来，我撰写了几十万字的读书笔记，积极探索小组合作学习，努力构建创新学习课堂教学模式，让学生在自主、合作、探究的教学活动中获取知识，发展创新思维。同时，我积极培养和指导优秀青年教师，辅导的近十位教师参加省、区、市优质课评选并获奖；五位教师获市、区骨干教师；三位教师获区优秀教师；一位教师获"市教学新秀"称号。

辛勤的耕耘换来了丰硕的果实，我多次参加省、市、区组织的公开课、示范课、专题讲座及业务比赛。1998年，由我执教的"积的各部分之间的关系"一课荣获全国说课一等奖；2001年4月，我参加了"跨世纪园丁"工程首批骨干教师省级培训；2009年，在山东省课程资源开发与利用优质课评选中，荣获二等奖；2010年前后，我分别赴北京师范大学、华东师范大学参加了名师高级研修班培训；2011年，我参加了日照市名师送教下乡活动，举办了名师公

开示范课；2012 年，我被评聘为山东省中小学教师新课程远程研修项目课程团队专家，负责省级远程研修指导任务；2014 年 6 月，我被评为岚山区有突出贡献的中青年专家。截至目前，我累计在国家、省、市级以上刊物发表论文三十余篇，参编教材四册，著有《如何培养孩子的数学创新思维》一书，主持或主研的十多个教改科研课题分别获得国家、省、市级奖项。

向着明亮的远方前行

"齐鲁名校长"是全省教育的师德楷模、教育的专家、改革的先行者、学校的引路人。作为一名乡村教育工作者，对于我来说这不仅仅是一个称号，更重要的是一份沉甸甸的责任和使命，因为它凝聚着家乡无数领导、教师和家长的期望与重托，始终如一抹明亮的曙光召唤着我在执着与坚守中不断前行。

自入选第二期"齐鲁名师名校长建设工程"人选以来，在各位领导、专家和导师的精心培养和指导下，我认真加强教育理论的学习，脚踏实地地投身于教育实践，恪守职业道德规范，全面贯彻党的教育方针，立德树人，为人师表、勤勉敬业。几年来，我收获了很多，成长了很多。

一、制定发展规划　明确成长目标

作为"齐鲁名师名校长建设工程"人选，必须具有目标意识，在工作中始终把心思集中在"想干事"上，把目标锁定在"干成事"上。

在"齐鲁名师名校长建设工程"人选这个优秀的团队里，我认识到了自己的差距和不足，制定了个人发展规划，撰写了自我分析报告，剖析了自身的优势：一是能够注重自身能力提升；二是具有一定的教育管理经验；三是有执着追求的奉献精神。同时，我也发现了自身的不足，如教育理论缺乏系统性，治学理念和发展目标不清晰，缺少科学有效的理论支撑，实践与理论脱节。

根据对自己的优势和弱势的分析，在专家的指导下，我以"农村小学个性化班级文化建设"为研究主题，立足班级，放眼全校，从校长、校园、教师和学生发展四个维度思考校园文化的整体建构。个性化的班级文化建设的实质是学校文化品位的提升与教育内涵的发展，通过课题组的实践研究与学习、思想的碰撞与交流，我找到了适合自己学校发展的文化建设之路。

二、勤于实践反思 不断完善自我

校长的成长是一个不断自我实现的专业化过程，而进行总结反思是校长专业化发展的必由之路。美国学者波斯纳提出过一个公式：教师成长＝体验＋反思。经验是在实践中得来，在反思中提升的。校长只有在实践中不断学习，在学习中不断反思，在反思中不断丰盈自己，其个人教育管理思想才能不断走向成熟。

三年来，我坚持以自己从事的教育实践案例为研究对象，从一堂课、一个案例、一次活动出发，对教育实践行为以及产生的结果进行审视和分析，时刻树立反思意识，养成反思习惯，做到时时反思、事事反思。多年来，我在工作室里共写下五十多篇、近十万字的教育实践反思记录，其中有五篇在省级以上刊物发表。

三、坚持听课评课 引领课程教学

《义务教育学校校长专业标准》指出，校长要领导课程教学，建立听课与评课制度。苏霍姆林斯基说："经验使我深信，听课和评课，这是校长最重要的工作，经常听课的校长才能真正了解学校的情况。"多年的校长经历让我深刻体会到，校长只有走进课堂、走进班级，才能走进教师、走进学生，才能了解课堂教学的现状，给予教师正确的指导和帮助，同时提高自身的专业发展水平。

作为校长，多年来，我始终坚守课堂，坚持兼课任课。同时，在课堂教学中努力锤炼自己，上好每节课，力争把每节课都当作优质课来上。而且，每学期我还会有意识、有重点地精心准备一节公开课，如我执教的五年级数学课"除数是整数的小数除法""平行四边形的面积"和科学课"声音的产生"，深受同行的好评。通过备课、讲课、磨课、议课、课后反思，我的教学水平得到了提高。

四、潜心读书学习　提升理论水平

校长的成长是一个不断学习、反复实践的过程。如果没有科学的理论做指导，校长的成长必然受到限制。所以，校长想要快速成长，就不能忽视理论学习。

几年来，我先后研读了众多教育理论著作。同时，作为"齐鲁名师名校长建设工程"人选之一，我多次赴济南、北京、上海、东营、济宁、青岛等地聆听了国内外教育领域知名专家、学者的近百场报告，参观考察了全国二十多所知名学校。这些培训不仅使我对教育教学的认识有了质的提高，而且对于校长的职业定位有了明确的认识。从此，我能够反思自己的教育管理实践，把课堂当作教学研究的阵地，把读书看作职业成长的方式，把写作当作自己的兴趣爱好。

五、开展专题讲座　发挥示范带头作用

（1）积极参加送教下乡、义务志愿服务活动。几年来，我先后参加了"骨干教师送教活动""手拉手希望小学帮扶活动"等志愿服务，通过开展专题讲座、上公开课与示范课等方式，对参训教师进行了有效的指导和帮助。

（2）承担了全区新教师培训活动。我通过"谈谈教师的专业成长"等专题讲座以及说课、听课、评课等方式，对新招聘的青年教师进行跟踪培训指导，带动了一大批青年教师的成长和发展。

（3）通过课题研究引领教师发展。我以"农村小学个性化班级文化建设"课题为主线，按照课题计划，定期开展读书沙龙，交流实验心得；讲述成长故事，汲取别人经验，分享成长快乐，提高理论认识，促进共同进步。

（4）以师带徒，发挥辐射带动作用。与青年教师结成师徒，将自己所学与他们共分享，并在实际的教育教学和学校管理中，给予青年教师更多的帮助，促进青年教师快速成长。

（5）建好名校长工作室。我将工作室看作教育管理研究的平台，及时通过平台与他人进行交流，充分发挥辐射引领作用，逐步形成了自己的教育思想和教育风格，扩大了自身的示范、引领作用。

六、主要收获

几年来，我工作着、学习着、反思着、快乐着，收获了很多，也成长了很多。我创建了名校长工作室，拟定了发展规划，明确了发展目标，进行了年度工作总结；学会了反思，撰写了六十余篇教育反思记录；精心研读了杜威的《民主主义与教育》和李亚梅、刘娟的《缔造完美教室》等书籍，写了多篇读书笔记；累计听评课百余节，确立了以"农村小学个性化班级文化建设"为主题的研修课题；通过送教下乡、新教师培训、课题组研究、以师带徒和创建网络工作室等方式，累计举办校内外专题讲座二十多次，充分发挥了"齐鲁名师名校长建设工程"人选的示范辐射带动作用；我所主持的"农村小学特色班级文化建设的实践研究"顺利结题，并获得一等奖……

总结近年来的学习和工作，有成绩也有不足。相信前面的路有风、有雨，也一定会有阳光。让我们一起学习、反思、践行，向着明亮的远方前行。

行走在教育寻梦的路上

不忘初心，方得始终。三十多年来，我一直把这句话当作从教、修身、治校的座右铭，面对乡村教育，坚守育人工作的"始终"。

一、保持初心　做孜孜以求的学习者

以德立身。自任校长之职以来，我一如既往地坚守在农村小学教育的一线，时刻以高标准严格要求自己，认真履行专业岗位职责，思想上进步，业务上求精，积极带领和指导青年教师成长。

以德立学。回首三十多年的教学生涯，我转战多所学校，历任多个工作岗位，特别是自2016年入选"齐鲁名师名校长建设工程"人选以来，先后担任过完全小学校长、中心小学党总支副书记，分管过学校党建、教学、安全、师德建设等多项工作，主教过小学数学、科学、道德与法治、传统文化等多门课程，在教育的困惑与迷茫中，是读书、实践、反思、研究与写作，使我向着学习型和创新型教师不断成长。

科学施教。我先后研读了《民主主义与教育》等教育理论著作；聆听了国内外著名专家学者的近百场报告；参观考察了全国二十多所知名学校，深入课堂听评课百余节，探索构建了思政课四段式教学模式，尝试实施了课堂小组积分换卡学习活动，撰写读书笔记和教育反思约三十万字。通过结对帮扶、新教师培训、课题研究、以师带徒等方式，举办校内外专题讲座二十余次；累计培养新青年骨干教师三十余名。近年来，我在《山东教育》《山东基础教育论坛》《现代教育学刊》《吉林教育》《知识窗》《世纪之星》等刊物发表教学理论及教育格言类文章六篇，承担及参研了"基于深度学习的小学单元主题作业设计研究""基于 STEAM 理念的小学信息技术学科课堂评价研究""农村小学特色化班级文化建设的研究""小学生良好学习习惯养成教育的研究"四项区级以上科研课题，逐步形成了独具特色的教育思想。

二、保持初心　做永不言败的领跑者

2019 年 8 月，根据组织安排，我调任至镇中心小学担任党总支副书记。记得在身体还没有完全康复的情况下，我提前返岗，与全体教师一起继续工作，顺利通过了山东省随班就读示范学校的创建与验收工作。

一名党员就是一面旗帜。作为党员干部，我始终坚持带领支部党员进行学习，积极走访社区及学生家长，自觉参加志愿服务活动，并将当地的优秀传统文化引入党建文化，培育和创建了以"'仁智'兼修，党徽闪耀"为特色的党建品牌，使越来越多的优秀青年教师成长为光荣的共产党员。

通过开展"党心育师德，初心润童智"系列活动，践行以德育人、以文化人，培养了学生爱己、爱家、爱党、爱社会的情怀，使学校党建工作成为立德树人的"红色引擎"。学校的教育教学质量逐年提升，家长对学校教育质量的满意度也越来越高。

回望过去，昨天的成绩和荣耀只不过是人生旅程中一道不经意的风景；展望未来，我将一如既往地怀着一颗感恩的心，在广阔的乡村教育大地上，坚守教育初心，践行育人使命，用满腔的热情和赤诚书写教育更美丽的华章，立志做一名有德、有志、有才、有情、有思想的教育追梦人。

【案例链接】

成长中的蜕变

一、背景起因

2019年4月21日，这一天是我生命中难以忘怀的一天。这一天，不仅是第二期"齐鲁名师名校长建设工程"和第三期"齐鲁名师"人选考核答辩的日子，更是我三年辛勤耕耘能否顺利结业、能否以更加成熟和自信的姿态告别"人选"身份，迈向全新阶段的关键时刻。这份沉甸甸的责任，如同一座无形的山峰，压在我的肩头，让我感受到了前所未有的紧张与压力。

作为一名来自乡村小学的校长，我深知自己的每一步成长都承载着众多期望的目光。这些目光中，有来自同事的鼓励，有来自学生的信任，更有来自教育界的关注与期待。

回首过去的三年，我深感这段培养历程的艰辛与不易。从最初的迷茫与困惑，到后来的摸索与实践，再到如今的逐渐成熟与自信，每一步都凝聚着我的心血与汗水。而这次答辩，不仅是对我三年努力的检验，更是对我未来能否继续带领学校发展、带领教师团队不断超越自我的考验。

二、过程记录

答辩的地点设在济南珍珠宾馆七号楼的二层。当我踏入大厅时，一种莫名的庄严感油然而生。偌大的会议厅内，窗帘低垂，营造出静谧而庄严的氛围。紫红色的台布整齐地铺在会议桌上，为这场即将到来的答辩增添了几分神圣感。

回想起昨日召开预备会议时，四个服务人员正用一根细长的绳子认真地调整桌椅的位置，他们的敬业精神和对标准的严格要求令我深受触动。作为一名校长，我深知这种精益求精的态度对学校发展的重要性。因此，我暗下决心，要将这种精神带回我的学校，让每位教师都能在日常工作中秉持这种态度，共同推动学校的不断进步。

正当我沉浸在对未来的憧憬中时，手机铃声突然响起。电话那头传来了声音："喂，是林校长吗？请你一点半过来答辩。现在正好一点，你可以走着过来了。"我一边答应着，一边急忙整理了一下思绪和着装，准备迎接即将到来的挑战。

来到答辩室门口，我的心跳得越来越快，仿佛要跳出胸膛。尽管类似的场面也经历了不少，但不知为何，今天的我却异常紧张。或许是因为这次答辩的重要性，或许是因为我对自己的期望太高，总之，这种紧张感让我有些无所适从。

就在这时，一位面容和蔼的女教授走了过来。她轻声问道："怎么来得这么早？"眼神中充满了关心和惊喜。我微笑着向她示意了一下，并简短地回答了她的问题。

一点三十分，答辩正式开始。我被一位瘦瘦的高个子男服务生叫了进去。我深吸一口气，调整了一下心态，然后深深地向评委们鞠了一躬。接着，我按照考官的要求，安静地等待着他们的提问。

第一个环节是陈述自己的教育思想和管理主张。主考官先是对我进行了简短的评价和肯定，然后示意我开始陈述。我深吸一口气，开始讲述自己对于智慧教育、无痕管理的理解和实践。

听完我的陈述后，坐在前面的那位女教授微笑着点了点头，然后说道："林校长讲的智慧教育管理的思想观点很好。请问，作为一名校长，你觉得在你的工作中应该如何落实立德树人根本任务？"我稍作思考后，便按照自己的想法展开了论述。从德育的重要性讲到如何进行德育教育，我尽量做到条理清晰、逻辑严密。然而，当我讲到立德树人与德育教育的关系时，却发现自己有些欠缺。这时，女教授轻轻地提醒我："立德树人与德育教育有所不同，希望你回去再仔细查看一下。"我感激地点了点头。

接着，旁边的毕主任也提出了一个问题："林校长，你刚才说读了不少书，《民主主义与教育》中提出'教育即生活'，那如何把课程生活化呢？你是如何理解的？"这个问题同样具有挑战性。我稍作思考后，便回答道："我认为要将'教育即生活'这种理念落实到工作中，首先不是把教材搬到学生的生活中，而是应将生活的内容搬到课堂上来，学生才能更易于接受。其次，学生只有把学到的知识运用到生活中，学习才会有意义地发生。"我的回答似乎很流畅，毕主任微微点了点头，然后鼓励我继续多读书、多学习，提高自己的专业理论水平……

三、成效反思

走出答辩室的那一刻，我像一只放飞的小鸟，又像一只破茧而出的春蚕，浑身立刻轻松了许多。我快步走出大厅，看着远处无边的光景，呼吸着院子里新鲜的空气，眼前的一切都是那么美好。三年来一幕幕忙碌而又快乐的画面又重新浮现在我的眼前。

回顾三年来的成长过程，我欣喜地发现自己发生了很多变化。

（1）学会了反思与写作。以前，我在教育工作中不善表达，总是习惯于埋头苦干。而现在，我养成了时时反思的习惯，不仅注重实干，还注重表达和写作。通过写作，我能够将自己的教育思想和实践经验系统地整理出来，与同行分享和交流。这不仅提高了我的表达能力，还让我在教育领域的影响力得到了提升。

（2）开阔了自己的视野。作为一名校长，我深知自己的眼界会影响一所学校发展的高度和品质。通过这次培训和答辩，我接触到了更多先进的教育理念和管理方法，让我对教育的认识更加全面和深刻。同时，我也更加明白了校长应该具备前瞻性思维，既要面对当下，又要回望过去、展望未来、面向世界。只有这样，才能引领学校不断向前发展。

（3）对校长的定位愈加清晰。通过这次答辩，我更加明确了自己作为一名校长的定位和职责。我深知自己应做到知行统一、知行合一。只有这样，才能在实际工作中不断积累经验、提升能力，最终实现自己的远大理想。

（4）对专业发展有了全新的认识。我意识到，作为一名校长，不仅要立功、还要立德和立言。要将自己的个人发展与学校发展紧密相连，不断提升自己的专业素养和管理能力，推动学校的全面发展。同时，还要注重自己的言行举止，树立良好的师德师风形象，成为师生的楷模和榜样。

（5）对办学理念有了更深刻的感悟。通过三年的培训学习，我更加深刻地理解了办学理念的内涵和意义。我应该把握时代精神的脉搏，同时，还要精读具有代表性的经典著作，选准含金量较高的科研课题进行研究实践。只有这样，才能将自己的教育思想转化为实际的教育成果，为教育事业的发展做出更大的贡献。

总之，三年的培训学习及考核，不仅是我人生中的一次历练、挑战和考验，更是一次让我不断成长和蜕变的机遇。我将以此为契机，继续努力学习和实践，不断提升自己的专业素养和管理能力，为学校的发展贡献自己的力量。同时，我也将积极带领教师团队共同成长和发展，共同推动教育事业的不断进步。

第七章

设计者：以文化点亮校园特色

学校文化是一所学校的灵魂，也是办学特色的集中体现，是推动学校可持续发展的动力。

作为设计者，校长要具备创新意识和品牌意识。在校园文化建设中，站在时代的高度，根据新时代学生德育工作面临的新情况和新问题，结合学校的校情和地域特点，科学规划学校的未来和发展蓝图，通过多种有效途径营造良好的校园文化环境。同时，还要注重校园文化和学校精神的塑造和传播，以特色文化点亮校园，提升学校的知名度和美誉度。

探索智慧教育　培育智慧少年

一、以文化智　打造智慧型校园文化

智慧创造文化，文化涵养智慧。在文化的浸润下，学校自然会"生成"智慧，实现师生共同的智慧成长，从而让校园充满人文气息和生命活力。多年来，我校精心打造智慧型校园文化环境，结合办学理念，因地制宜，精心设计，先后建成启智楼、惠心墙、智慧班级、智慧书吧、怡慧园等新兴文化建筑；美化绿化校园，将校园逐步打造成一所绿树成荫、芳草萋萋的慧心园林，赋予校园人文精神。在教学区域凸显了"智""思""悟""仁"等文化符号和愿景引领，达到了"借奇石以悦人性，假草木以静心情"的效果；利用教学楼的墙、柱、廊、橱窗、宣传栏等，围绕"以德育智""以书启智""以理明智""以艺生智"四个主题，进行楼道文化设计，适时悬挂古今中外名人有关启智励志的名言警句、古典诗词、经典故事和导行标语等，定期按主题展评师生作品，彰显办学特色。

二、以书启智　塑造智慧型教师队伍

培育智慧少年，当以培养智慧型教师为先。叶澜教授曾经说过："具有教育智慧，是未来教师专业素养达到成熟水平的标志。"通过阅读，教师能够积淀文化底蕴，提升文化内涵，挖掘自身潜能，从而提高教书育人的能力，有助于提高立德树人的有效性。

多年来，我校建有"三读"阵地：图书馆、阅览室、电子书吧；设立"三读"时间，即晨诵、午读、暮省；倡导三个"共读"：同伴共读，师生共读，亲子共读。同时，学校先后为每位教师推荐订阅了朱永新教授的《新教育》、

魏书生老师的《班主任工作漫谈》、苏霍姆林斯基的《给教师的建议》《第56号教室的奇迹》《学记》等专业书籍，同时，推荐肖川博士的《教育的智慧与真情》、刘儒德的《教育中的心理效应》，掀起校园读书热潮。

读有所悟、有所得，方能生成教育智慧，内化于心、外化于行。因此，在做好共读的基础上，积极引导教师写阅读心得，写课后反思，写培训感悟，逐步养成"读书、实践、反思、写作"的习惯。

为了更具有效性，我校将教师专业读写纳入学校评估管理。学校规定教师随笔撰写的内容包括教育随笔、教学心得、教学反思等，要求教师每周至少撰写一篇文章上传至学校网络教研平台，在此基础上鼓励年轻教师尽可能多写。此外，我们还组织以"课堂生成的智慧"为主题的青年沙龙与论坛活动，每周对教师撰写的随笔情况进行汇总，对于优秀的教育教学案例推荐投稿，并在全校交流。

三、以智启智　构建智慧型课堂模式

智慧教育的重要举措之一便是构建富有智慧的课堂，因为课堂是学生学习和发展的"主阵地"，利用好这一"主阵地"，可以促进学生的全面发展，为培养智慧型人才奠定良好基础。

几年来，在教与学的互动过程中，通过充分发挥教师的教育智慧来激发学生的智慧，让课堂成为师生智慧碰撞的舞台。在深入研究的过程中，学校对已经形成的学科教学模式进行了提炼整合，提出了具有校本特征的"自主探究，开启思维之门—合作创新，激发智慧生成—深度质疑，促进智慧发展"三段式智慧课堂的教学模式。各学科教师根据"智慧课堂"的基本特征，结合自身学科的特点，分别提出智慧课堂校本实践模式。例如，我校语文阅读教学的操作模式主要为"设疑——开启智慧，对话——生成智慧，延伸——丰富智慧"；英语课教学模式主要为"视听—对话—表演"，为学生奏响了快乐学习、智慧表达的华章；科学课的课堂教学模式是"提出问题——开启智慧，探究问题——生成智慧，交流问题——丰富智慧，解释应用——发展智慧"。

智慧课堂是自主合作探究的课堂、动态生成的课堂、创新活力的课堂。在促进学生智慧生长的有效策略方面，各学科教师结合不同学科的特点，在摸索中总结出以下六种策略：①有效追问，让学生的理解走向深刻；②引导争辩，

让学生的智慧火花得以碰撞、交锋和融合；③巧妙点拨，使学生的思维得到个性化发展；④适时捕捉，让学生拥有独特的感悟等；⑤营造和谐，让每个学生的思绪得以飞扬，灵感得以激发，智慧得以生长；⑥重视生成，让学生敢想、敢说、敢问，创造性地学习，促进学生的智慧发展。

四、以德唤智 培育智慧型风采少年

教育就是"唤醒"，如果一种教育未能深刻有力地唤醒人的灵魂，让其产生自我生长的力量，就不是真正的教育。在新时期素质教育的背景下，如何以德育唤醒智慧？我校通过研发校本智慧课程，使学校的德育工作凸显新亮点。

首先，要相信每个学生的智慧潜能。根据美国心理学家加德纳的多元智能理论，每个学生都有不同的智慧潜能，每个学生的智慧潜能都能得到不同程度的发展。为此，我校通过问卷调查和学生自愿报名、自主选课，组织教师积极开发各类特色校本课程，为每个学生的潜能发展提供可能。针对学校缺乏专业教师的困难，学校组织教师开展"教师 1+1"活动，即每位教师在教好基础课程的前提下，结合自身特长开设一门校本课程；每位学生则在学好基础课程的前提下，结合自己的兴趣和爱好自主选择一门校本课程，即"学生 1 选 1"活动。另外，利用每周四下午的时间进行全校开放，学生自主走班选课，走进自己喜爱的课堂，充分感受学校丰富多彩的教育生活。

其次，学校通过开设体育节、文化节、艺术节、读书节和入学仪式等节日主题课程，营造节日氛围，为学生搭建成长的校园舞台。例如，每年"六一"期间，学校会邀请家长和社会人士前来参观校园，学生们跃跃欲试，希望将自己最动听的声音、最优美的舞蹈、最精彩的节目展现给观众；在一年一度的"校园创新大赛"设计活动中，学生通过参加文学创作、电脑绘画、泥塑制作、航模设计等活动，不断丰富自身的智慧体验，唤醒深层次、多广度的潜能。

再次，开展智慧班级文化创建活动。学校各班级分别以智慧教育为主题，让学生自行布置教室，自行设计班级名片，自行确定班训、班规，自行竞选班级岗位。结合自己的班级特色和目标，选取寓意深刻又富有个性的班名，如"金刚智慧中队""智慧种子中队""慧心中队""智星中队""启智中队"。低年级学生在父母的帮助下、中高年级学生在与同伴的合作中，开动脑筋，通过小组推荐、全班评选，确定班训，由此呈现出的班训不仅文字简洁，而且寓意

深刻。智慧教育就像一盏明灯，点亮了整个校园，照耀着学生的灵魂，唤醒了他们的潜能，让他们尽情沐浴在求知益智的光辉里。

此外，学校还通过标准化建设，利用信息技术和网络技术构建智慧管理智能系统，为智慧教育搭建现代化的教育管理环境，实现智慧教育的现代化发展。

通过以上探索实践，学校的智慧教育成果已初步显现。校园环境变得越来越好：教学楼、餐厅楼拔地而起，各种教学设施设备齐全，极大地方便了师生的工作、学习与生活。学生变得更加聪慧：会自学了，会研究了，会合作了，会思维了，会动脑了，会看书了，会积累了，懂礼貌了，讲卫生了。课堂教学显得更有活力：以讲为主的课堂已经转变为以学为主的学堂，学生在教师的引导帮助下，充分自学、讨论、交流、展示，学得主动、问得积极、做得认真，真正成为学习的主人。教师变得更加睿智：旁征博引，得心应手；读书已成为广大教师的习惯，阅读已像呼吸一样自然。学校变得更具内涵：一进校园，浓浓的书香气息扑面而来，每一块板报都充满育人的智慧，温馨而又催人奋进。

目前，学校已逐步发展成为一所特色鲜明、社会满意的乡村精品小学，先后入选"山东省创新教育联盟成员""中国好老师基地学校"。2014 年，学校率先实现了山东省办学条件标准化；2015 年，顺利通过了国家级农村薄弱学校改造工程及均衡化发展验收；2016 年，荣获市级规范化学校；2017 年，荣获全国基础教育科研示范基地；2018 年 5 月，山东基础教育论坛以"探索智慧教育，培育智慧少年"为题对我校的办学特色进行了专题报道。

汲取优秀传统文化　擦亮学校"仁智"品牌

子曰："知者乐水，仁者乐山。"学校经多方论证，挖掘地区资源，围绕"仁者怀智，智者怀仁，'仁智'兼修，全面发展"的办学理念，提出"仁智"教育理念，努力培养"素质全面，人文见长"的后备人才。经过多年的潜心探索，学校已形成了鲜明的"仁智"教育特色。

一、主要做法

（一）聚焦立德树人，让优秀传统文化植入办学理念

据记载，圣公项橐的家乡就在日照市岚山区碑廓镇项家卉。在碑廓镇，至今流传着孔子东游遇项橐"城不让车""两小儿辩日"的故事。

厚重的地域文化生生不息、传承赓续，是璀璨的中华文明中的一颗亮眼"明珠"。学校融合孔子之"仁"和项橐之"智"，提出"仁智"教育理念，确立了"做儒雅教师　育'仁智'学生"的办学目标和"仁泽天下　智达四方"的校训，逐步形成了"仁爱睿智　守正创新"的校风和"敏而好学　学而不厌"学风，引领教师专业成长，促进学生全面发展。

（二）传承先贤文化，让优秀传统文化融入党建品牌

近年来，学校党总支精心打造以"党心育师德　初心育童智"为内涵的党建特色品牌，积极践行"1+5"党建工作模式，即"一个中心，五个坚持"。"一个中心"：以"围绕教育抓党建，抓好党建促教育"为中心。"五个坚持"：坚持党建与文化建设相融合；坚持党建与师德建设相融合；坚持党建与教学工作相融合；坚持党建与德育工作相融合；坚持党建与家庭教育相融合。

（三）优化校园环境，让优秀传统文化渗入育人环境

学校处处彰显传统文化氛围，用手绘的形式将传统美德故事布满大厅、走廊、水吧等场所，如彰显区域的圣公文化、绣针河文化、碑廊地名文化、二十四节气文化。楼道内设置的"古今圣贤百人""感动中国年度人物""经典诗词""飞花令学诗词"等文化专题，使学生在潜移默化中受到中华优秀传统文化的熏陶。

校园布局合理，假山古树，错落有致，雕有"仁""智""德""雅""厚德载物""天道酬勤"石刻的文化符号，达到了"借奇石以悦人性，假草木以静心情"的效果；利用教学楼的墙、柱、廊、橱窗、宣传栏等，围绕"仁智"教育文化主题整体设计每层楼道，适时悬挂古今中外名人有关启智励志的名言警句、古典诗词、经典故事和导行标语等，定期按主题展评师生作品，彰显办学特色。通过在校园环境中创设中华优秀传统文化因素，熏陶、感染、浸润学生，使其成为学校中华优秀传统文化传承教育的重要载体。

2020 年 10 月，学校投资五万元建设山水诗社，并请当代著名作家赵德发题写馆名。诗社设计运用传统风格，古色古香，体现了高雅的诗词文化氛围，班级诗词板报、红领巾广播站、学生诗词手抄报、诗词考级、校园诗词大赛等，成为学生诗词诵读、创作展示的大舞台。

（四）丰富校本课程，让优秀传统文化走进课堂

学校有效挖掘中华优秀传统文化的内涵，建立以学科课程教学为中心，多种相关活动和环境创设相辅助的"多位一体"传承模式，从而以美育人、以美化人、以美培元。

学校积极开展诗教工作，大力弘扬优秀传统文化，营造书香校园，努力培养学生的核心素养。学校探索了诗词教育的新路径，创立了"诵诗、悟诗、唱诗、演诗、绘诗、写诗"诗词教学"六步曲"。学校开发校本课程"美诗"，在推荐小学生诵读 75 篇优秀诗词的基础上，又精选 117 篇适合小学生诵读的经典诗词，让学生每周都能诵读一首诗词，从小为他们打好深厚的诗词基础。

每年寒假、暑假，学校都开展"诗香寒（暑）假"活动，安排一定的诗词学习清单。同时，打造诗词长廊，展示学生诗画作品。每天放学时，各班级边

走边诵诗，整个校园俨然一场赛诗会，成为一道亮丽的风景线。

另外，学校有效利用课后服务时间，组建了书法、绘画、象棋、民族舞、笛子、剪纸等社团，使中华优秀传统文化教育内容得到拓展。

（五）创新专题活动，使优秀传统文化播入学生心灵

学校将学生的传统教育和立德树人的教育目标结合起来，把传统文化教育融入学生培养的全过程，为学生"扣好人生的第一粒扣子"。学生活动阵地由课堂延伸到家庭，由校内延伸到校外。

同时，学校开办家长学校，通过专家报告增长家长的育儿知识，提高家庭教育水平，开展优秀家风家训收集展示。

学校还挖掘和利用地方文化资源，积极打造多元化的社会教育活动。每学年组织学生开展远足圣公山、走进马家湖村史馆、寻访抗美援朝老兵等活动，通过实地考察、实践活动，接受传统文化的熏陶，厚植爱国情怀。

二、取得成效

学校在中华优秀传统文化的传承中积累了丰富的经验，在课程设置、教育路径探索、家校合作等方面取得了丰硕成果。优秀传统文化，能够永驻学生心间，使校园不断迸发新的教育生机和活力。

学校积极推进书香校园建设，大力营造读书好、读好书、好读书的浓厚氛围，鼓励和引导教师多读国学经典书籍，提升了教师的古典文化素养。

传统文化在继承中创新，在创新中发展。学校着眼全局，深挖细节，从校园环境改善、拓展育人路径等角度，结合中华优秀传统文化，使中华优秀传统文化浸润到校园各个角落，滋润学生心灵。学生的核心素养得以提升，呈现出蓬勃向上的崭新局面。

三、思考启示

（一）体验式活动是促进优秀传统文化进校园的有效方式

教师必须及时对普通学科课程中的中华优秀传统文化教育内容进行有效补充和指导，通过开展丰富多彩、灵活多样的活动，在体验式成长中促进学生对家乡、对历史的认知，为进一步培养学生厚重的家国情怀奠定基础。

（二）传承和创新是促进优秀传统文化进校园的重要法宝

中华优秀传统文化要与当代文化相适应、与现代社会相协调。学校要想实现创造性转化、创新性发展，扩大社会影响力，带动当地社会经济发展，就要批判性地继承和发展地方传统文化，寻找中华优秀传统文化的现代表达形式，并融入学校教育理念中，这样才能培养出时代新人。

构建书香校园文化　成就学生良好品行

校园文化，作为学校长期发展过程中的精神积淀与价值共识，对于学生行为习惯的塑造、文化品位的提升、精神境界的追求以及全面发展的实现，具有不可估量的价值。正如我国著名教育家陶行知先生所言，播种行为，收获习惯；播种习惯，收获性格；播种性格，收获命运。因此，构建富有书香气息的校园文化，让文化滋养与引导学生，是学生养成良好行为习惯的有效途径。

一、营造书香氛围　以景导行

环境，作为影响个体发展的重要因素，其重要性不言而喻。美国心理学家约翰·华生提出的"行为环境刺激理论"进一步强调了环境在塑造个体行为中的关键作用。一个充满书香氛围的校园文化环境，不仅能够陶冶学生的情操，培养学生的个性，更能启迪学生的心智，促进学生的全面发展。

（一）打造书香校园，让每面墙都"说话"

在我校，书香文化的营造被置于校园文化建设的重要位置。我们致力于将校园走廊及墙体打造成传播知识与文化的阵地，使每面墙壁都成为育人的载体。走进教学楼大厅，首先映入眼帘的是学校的校训、校风、教风和学风，以及以"读国学经典　传承中华文明"为主题的读书宣言。这些标语不仅彰显了学校的教育理念，更激励着学生积极阅读，立志成为有用之才。

教学楼走廊和过道上，我们精心挑选了古今中外名人关于读书的名言警句、古典诗词、经典故事等，悬挂于墙面，营造出浓厚的书香氛围。学生在举手投足间，便能感受到经典文化的熏陶，从而受到启发和影响。

（二）巧设教室文化，让书香四溢

除了校园整体环境的打造，我们还注重教室文化的建设。每个班级的书墙上，既有学生的新书推荐，也有老师的经典导读；既有贴近学生生活的书报，又有学生的读书成长画册。这里不仅展示了学生的书画、小报、读书卡等作品，还成为他们交流思想、分享心得的乐园。

教室文化的建设，不仅让教室充满了书香气息，更让学生的心灵在知识的海洋中自由翱翔。在这样的学习环境中，学生不仅爱上了学习，更在潜移默化中改变了思想，进而引发了行为的转变，逐渐形成了良好的行为习惯。

二、搭建阅读平台 以书引行

书籍，作为人类思想的宝库，对于个体行为习惯的塑造有着至关重要的作用。正如莎士比亚所言，书籍是全世界的营养品。生活里没有书籍，就好像没有阳光；智慧里没有书籍，就好像鸟儿没有翅膀。因此，为了培养学生的读书习惯，我们积极搭建多元化的阅读平台。

（一）三级图书阅读平台，让书海触手可及

我们构建了"班级（图书角）—年级（读书驿站）—阅读中心（图书阅览室）"三级图书阅读平台，旨在为学生提供丰富多样的阅读资源。阅读中心是一处一百二十平方米的校级"读书超市"，这里整洁、宽敞、优美，二十四小时向学生开放，提供优质丰富的藏书。学生在这里可以自主选择、自由阅读，享受阅读的乐趣。

读书驿站则是充分利用教学楼的空闲地带，为学生精心打造的书香楼层阅读地带。学校定期更新图书，学生在课余时间可以进行自由阅读。

班级图书角则是由学生自带书籍组成的班级书吧，学生可以在课间随意阅读同伴的书籍，交流读书心得。

（二）进行自主管理，培养阅读习惯

在三级图书阅读平台的建设中，我们注重培养学生的自主管理能力。阅读中心的学生管理员负责图书的借阅、整理等工作，在服务他人的同时，也锻炼了自己的管理能力。读书驿站和班级图书角则是为了鼓励学生自主管理、自主选择阅读材料，从而培养他们的阅读习惯和阅读兴趣。

三、丰富读书活动 以读促行

读书活动作为校园文化的重要组成部分，对于陶冶学生情操、启迪学生智慧、培养学生品行具有重要作用。我们积极利用各种载体，开展丰富多彩的读书活动，旨在通过活动引导学生阅读经典、感悟人生、提升素养。

（一）读国学经典，做美德少年

中国传统文化中的经典作品，是人类社会长期积淀下来的智慧的结晶。我们开展了"读国学经典，做美德少年"活动，通过诵、背、书、唱、画等多种形式，引导学生深入学习和领悟国学经典中的传统美德。这一活动不仅培养了学生的文化素养，更在潜移默化中塑造了学生良好的行为习惯。

在活动中，我们注重将国学经典与现实生活相结合，引导学生将所学知识运用到日常生活中。例如，我们鼓励学生将"仁、义、礼、智、信"等传统美德融入日常行为中，做到尊敬师长、友爱同学、诚实守信等。通过这一活动，学生的品行得到了显著提升。

（二）创意阅读，激发潜能

除了传统的阅读活动外，我们还注重开展创意阅读活动，旨在激发学生的阅读兴趣和创造力。例如，我们举办了"读书手抄报比赛""读书心得征文比赛"等活动，鼓励学生将自己的阅读感悟和心得以手抄报、征文等形式呈现出来。这些活动不仅锻炼了学生的动手能力和写作能力，更激发了他们的阅读兴趣和创造力。

此外，我们还积极利用现代科技手段，开展线上阅读活动。通过学校网站、微信公众号等平台，定期发布阅读推荐、读书心得等内容，引导学生积极参与线上阅读和交流。这些活动不仅拓宽了学生的阅读视野，更促进了他们之间的交流和互动。

（三）亲子共读，增进情感

家庭是孩子的第一所学校，家长是孩子的第一任老师。为了增进亲子关系，培养学生的阅读习惯，我们积极倡导亲子共读活动，鼓励家长与孩子一起阅读、一起分享读书心得，从而增进亲子之间的情感交流和理解。

在亲子共读活动中，家长不仅陪伴孩子一起阅读经典作品，还引导孩子深入理解作品中的思想内涵和人生哲理。这一活动不仅培养了学生的阅读习惯和阅读兴趣，更增进了亲子之间的情感联系和信任感。

　　总之，构建书香校园文化是一项长期而艰巨的任务。我们将继续秉承"以人为本、全面发展"的教育理念，不断创新和完善校园文化建设的方法和手段，为培养更多具有高尚品行和卓越才能的人才而不懈努力。

书香茶韵　共筑未来

一、背景与现状

J校所在地区浸润在茶文化的深厚底蕴之中，不仅拥有得天独厚的茶文化资源，还汇聚了广泛的师生群体。自2018年起，学校秉持地域文化特色，精心规划并设计了一套以"以茶立品　和乐共生"为主题的学校文化体系，明确提出了"承茶韵文化　办书香名校"的发展愿景。近年来，J校在管理层面日益规范化、有序化，教育教学质量稳步提升，办学水平实现了质的飞跃。本地丰富的茶文化与乡土资源，如同阳光雨露般滋养着师生，赋予了他们积极向上、锐意进取的品格，为学校的进一步发展奠定了坚实的基础。

然而，在教育改革日新月异的背景下，如何深入挖掘并利用当地茶文化，将其与学校教育教学深度融合，成为学校亟待解决的重要课题。面对这一挑战，J校在"茶书相伴　师生共长"的办学宗旨引领下，积极探索学校发展的新路径，旨在通过茶文化的独特魅力，推动教育创新，落实立德树人根本任务，促进学生的全面发展。

二、发展愿景

（一）茶文化教育普及化

J校致力于将茶文化融入日常教学，通过开设茶文化课程、举办茶文化讲座及实践活动，使师生深入了解茶文化的历史渊源、制作工艺及品鉴方法。此举旨在培养师生的文化素养与审美情趣，让茶文化成为师生生活的一部分，浸润心灵，滋养精神。

（二）茶产业与教育融合发展

学校积极与当地茶产业合作，构建产学研一体化平台，为学生提供丰富的实践机会和广阔的就业渠道。同时，邀请茶产业专家进校交流，分享行业前沿动态和最新技术，拓宽师生的视野，为他们的学习和发展提供更多可能。

（三）茶文化与德育教育相结合

J校深入挖掘茶文化的精神内涵，将其融入德育教育，引导学生树立正确的世界观、人生观、价值观。通过茶文化主题班会、茶文化艺术节等形式多样的德育活动，让学生在参与中感受茶文化的魅力，培养其道德品质与人文精神。

（四）茶文化与学校品牌建设相协调

学校将茶文化作为特色品牌之一，通过宣传推广和品牌建设，提升学校的知名度和美誉度。同时，加强与外界的交流与合作，共同推动茶文化教育的普及和发展，让茶文化成为J校的一张亮丽名片。

三、实施策略

（一）课程设置

在课程设置上，J校新增了茶文化相关课程，如茶艺课程、茶文化历史课程，课程内容经过系统规划，确保教育的连贯性和系统性。在教学实施中，序列化、层次化地引导学生参与茶文化学习和实践。同时，鼓励其他学科教师将茶文化元素融入教学，形成多学科交叉融合的教学模式。例如，在语文课程中引入与茶有关的诗词，在科学课程中讲解茶叶的生长与化学成分，在艺术课程中教授茶艺表演与茶文化艺术创作。这种教学模式不仅丰富了课程内容，还提升了学生的学习兴趣和综合素养。

（二）实践活动

J校充分利用周边丰富的茶文化资源，将课堂教学进行延伸。组织学生参观茶园、茶厂等与茶产业相关的场所，了解茶叶的种植、采摘、制作等过程。将茶事体验纳入劳动技能课，建立专门的茶事活动实践基地，让学生在实践中巩固课堂知识，提升实践能力。此外，学校还定期开展茶艺表演、茶文化讲座等实践活动，让学生在亲身参与中感受茶文化的独特魅力。

（三）德育渗透

在德育教育中，J校将茶文化的精神内涵融入其中，通过茶文化课程、主题班会、茶文化艺术节等活动，引导学生树立正确的德育观念。同时，邀请专业茶艺师、茶文化研究者进行现场教学，让学生亲身体验茶艺的全过程，感受茶文化中的礼仪与精神。另外，通过定期举办茶文化艺术展演活动，如书画比赛、采茶表演，增强学生的文化认同感，丰富他们的艺术修养。

（四）品牌建设

J校加强学校品牌宣传和推广力度，通过校园网站、微信公众号等渠道发布与茶文化相关的信息和活动报道，提高学校的知名度和美誉度。同时，加强与外部媒体的合作与交流，积极参与茶文化相关的学术研讨和交流活动，展示学校的办学成果和特色文化，为学校的品牌建设贡献力量。

四、取得成果

（一）师生茶文化素养提升

通过茶文化的教育和实践活动，师生对茶文化的了解更加深入全面，文化素养和审美情趣得到显著提升。他们除了能够更好地欣赏和理解茶文化的美妙之外，还能将茶文化融入日常生活，成为传承和弘扬茶文化的重要力量。

（二）学校特色品牌形成

茶文化作为J校的特色品牌之一，为学校增添了独特的文化魅力。通过品牌建设和宣传推广，学校的知名度和美誉度大幅提高，吸引了社会各界的关注与支持。

（三）学生综合素质提高

在茶文化的教育和实践中，学生不仅学到了丰富的知识技能，还培养了其道德品质和人文精神。他们在参与茶文化活动的过程中锻炼了团队协作能力、创新能力和实践能力，全面提升了综合素质，为未来的学习和生活打下了坚实的基础。

（四）地方茶产业发展

通过与当地茶产业的合作与交流，J校促进了地方茶产业的发展和繁荣。

学校为地方企业提供人才支持和技术支持，推动了茶产业的技术创新和产业升级。同时，学校还积极推广茶文化，扩大茶产业的影响力，为地方经济发展贡献力量。

综上所述，J 校通过深入挖掘和利用本地茶文化资源，将茶文化与学校教育教学深度融合，形成了独具特色的学校文化体系。这一举措不仅提升了师生的义化素养和审美情趣，还促进了学校品牌建设和学生综合素质的提高。未来，J 校将继续秉承"茶书相伴 师生共长"的办学宗旨，不断探索和实践茶文化教育的新模式和新路径，为培养更多具有文化素养和人文精神的优秀人才贡献力量。

优化班级文化　突出育人导向

　　班级文化是学校文化的重要组成部分，对学生的思想品德、行为习惯和个性发展起着潜移默化的作用。那么，作为一名教育工作者，如何才能顺应时代发展，突出育人导向，营造出丰富多彩且富有个性化的班级文化呢？

一、更新思想　树立现代化的班级育人理念

　　班级文化是一种个性文化。班级文化是建立在学校文化的基础之上的，因为它是班级思想精髓和风格的积淀，代表着班级的形象，体现了班级的生命力，它是班级全体师生共同创造的财富和共同劳动的结晶。

　　班级文化不是一成不变的，随着学生的成长、班级的成长和时代的变化而不断完善变化。

　　班级文化建设要将以教师为中心转变为以学生为中心，让学生成为组织者，实施者，变整齐划一为独具特色，突出个性，因材施教。

　　选准角度，确立现代化的班级文化发展目标。我认为，班主任应通过对学生进行综合调查研究，结合教育发展趋势，以及学生的潜质特征和自我价值、目标与要求，审时度势，与家长、学生共同确定班级发展目标。班级文化的发展目标必须遵循立德树人的要求，从学校的发展目标出发，结合自身实际特点，确立相应的班级文化发展目标，使其既能适应学生的个性发展需要，又能与学校的总体办学目标和特色完美融合，达到各美其美、美美与共的和谐发展。

　　尊重学生，构建民主和谐的班级人际关系。建立良好的师生关系，应在人格上相互尊重、思想上互相交流，教师要把自己当作集体的一员，努力使自己

成为与学生心灵相通、感情交融的朋友，让学生感受到老师是在和他们一起建设美好的集体。在生生关系上，教师要引导学生明白每个人都是平等的，每个人身上都有优点和缺点，要善于"寻找别人身上的优点，找出自身的不足"，从而使每个学生都能体会到人人平等、互敬互爱，发现并发展各自的天赋和才能，唤起他们内在的尊严感，形成真正的平等意识。

二、多种策略　拓宽班级文化育人建设路径

建设个性化的班级环境文化。环境文化在育人方面具有十分重要的作用。班级环境布置应突出学生个性，充分发挥学生的个性特长，为学生创造机会、提供空间，让每面墙壁都会"说话"，让每个学生都有自我展示的机会。教师根据学生的天性、志趣、爱好和自身需要的发展，构建一个童趣世界。每间教室从班级名称、教室点缀、绿植摆放、教室图书架等方面着手，努力为学生提供一个良好的学习和生活环境，促进学生的发展。

建设个性化的班级制度文化。教师根据学生的特长和特点，在班内设置不同的职位，委以不同责任，做到"人人有事做，事事有人管"，如"我是班级小主人""天生我材必有用""班级财产管理小能手""班级是我家，净化靠大家"，充分发挥学生的主体作用，大胆推行班级民主化管理，建立班级岗位责任制和岗位轮换制度，让每个学生都能为班级管理尽一份力，构建和谐的班级关系。

建设个性化的班级活动文化。根据学生的兴趣、特长和爱好，开展丰富多彩的社团活动、班本课程和活动课程，是满足学生个性化发展的有效途径。例如，学校的德育活动，各班应结合本班实际情况，充分调动家长的积极性，组织家校互动的一系列活动。学生自行选择主题，自行制定方案，因地制宜，因势利导地组织班队活动。一方面，学生从活动中学会分析问题、解决问题；另一方面，使班级成为师生同欢共乐、情感交流的场所。这样的班级文化以活动凝聚人、以活动锻炼人、以活动陶冶人，让班级真正成为学生成长的精神乐园。

建设个性化的班级精神文化。精神文化是班级文化的核心和灵魂，良好的班风必须有正确的精神文化的支撑。缺少精神文化的班级是没有向心力、凝聚力和战斗力的班级，这就要求班主任必须根据学生的心理年龄特点和目标，确立合适的班级奋斗目标。

三、家校沟通 增强家长对班级文化的价值认同

为增强家长对班级文化的价值认同，学校要主动向家长介绍班级文化建设的主要内容。班级文化不仅包括班级活动，而且还包括班级的环境、制度、精神文化等方面内容。在班主任和学生的通力合作中，让家长了解班级文化的建设主体和方法。班主任引导学生在参与班级文化建设的同时，充分调动其学习的积极性。

总之，班级作为学生生活和学习的主要场所之一，其文化氛围对学生的认知、思维、行为、气质、个性等方面起着潜移默化的作用。班级文化是一种潜在的教育资源，蕴含着巨大的教育力量。班级文化的建设，需要引起学校、教师的重视和关注，班级文化建设不仅要注重形式的多样化，更要挖掘其潜在的教育价值。

【案例链接】

一所乡村小学的特色办学之路

一、背景

新建的Z小学是一所乡村小学，占地两万平方米，有两座教学楼，一座小学教学楼，一座幼儿园及餐厅综合楼，各种功能室及教学设施按照省标准化配备标准一应俱全，可以说城市里小学有的，Z小学一样也不少。如今，让农村孩子享受到和城市孩子一样好的优质教育资源已不再是一句空话。在社会及家长的热切期盼中，2013年12月20日，当地的两所小学和幼儿园在一阵鞭炮声中顺利进行了搬迁合并。新成立的Z小学拥有十二个教学班，五百多名学生，教职工二十八名。我是这所小学的校长，副校长和教导主任分别由原来两所学校的校长和教导主任继续担任。

面对合班并校的新情况和种种压力，刚刚上任的我顿感工作千头万绪，压力满满，一筹莫展。

二、过程与方法

夜深了，我怎么也睡不着，想起前些日子召开的百强示范区的争创会议。对，要在办学特色上做文章下功夫，这样也好引导全体师生心往一处想、劲往一处使，尽快减少合班并校带来的校际文化差异的冲击和内耗。

从不服输的我，不顾浑身疲倦，连夜起身，打开电脑，我要在学习中不断获得启发，最终找到答案。

接下来，我分别走访了当地的退休教师和上一任校长，召开了教职工研讨会和家长座谈会，经过反复研讨、梳理和论证，大胆提出了智慧教育的新构想。

其一，Z小学地处圣公文化地域，《三字经》中"昔仲尼，师项橐；古圣贤，尚勤学"的典故就出自这里，孔子三问项橐而被项橐三难的故事在此广为流传，每年的圣公庙会就是一个很好的例证，人们把项橐看作智慧的化身，尊其为圣公。自古以来，这里的老百姓对智者充满了崇敬和向往，家长都希望自己的孩子能像项橐那样从小充满智慧，将来学业有成。

其二，根据心理发展学家加德纳提出的多元智能发展理论，不同的人会有不同的智能组合，学校在发展学生各方面智能的同时，还要注意发现和挖掘学生的个性潜能。

其三，从学校的教育现状看，教师老龄化较严重，多数教师长期生活在农村、工作在农村，环境相对封闭，他们日出而作，日落而息，工作缺乏生机和活力。

其四，从教育的目的来看，智慧教育是当代教育变革的一种基本价值走向，与传统教育信息化相比，表现出集成化、自由化和体验化三大特征。

综上所述，当今世界正处在大发展、大变革、大调整时期，人才竞争日趋激烈，我们应该更多地关注教育的品质和质量，关注学生个性和智慧的开发，特别是面对"未来教育＋互联网"的时代浪潮，教育必须把培养有知识的人转向培养有智慧的人。

从此，我在学校的历次会议中反复宣传智慧教育，还特别在教学楼大厅醒目的位置做了宣传版面，走廊上也进行了布置。各级领导前来督导检查时，我总是不厌其烦地细心介绍着学校的特色办学构想，希望得到一些指点。

就在我一筹莫展时，2015年6月，我接到了教育部全国小学骨干校长培训班的通知，我欣喜若狂。在专家的理念引领和实践指导下，在多次向专家请教、与同伴交流后，心中豁然开朗。

三、初步成效

经过两年的实践探索，Z小学初步实现了智慧教育理论与实践相结合，为学校更好地铺筑智慧教育之路奠定了基础。经过初步总结，Z小学以打造一所让师生向往的、充满智慧的精神家园为办学目标，以培养高尚而聪慧的学生为教育目标，主要从六个方面对智慧教育之路进行了建设。

（1）智慧环境，学生的智慧之园。精心打造校园环境，努力从营造智慧文化环境中寻求突破，即创造智慧育人环境、发挥情境育人功能，学校建成了启智楼、惠心墙、智慧班级、智慧书吧、怡慧园等智慧文化"坐标"。同时，美化绿化校园，让校园成为绿树成荫、芳草萋萋的优雅园林。结合办学理念，教学区域凸显"智""思""悟""仁"等文化符号和愿景引领，达到"借奇石以悦人性，假草木以静心灵"的效果。围绕"以德育智""以书启智""以理明智"，整体设计每层楼道的文化主题，定期按主题悬挂师生作品。另外，坚持以人为本，搭建展示学生素养的空间与舞台。学校通过开展体育节、文化节、艺术节、读书节等主题活动，让学生的个性得以发展，兴趣得以发挥。

（2）智慧德育，学生的智慧之根。教育最重要的就是要培养学生的习惯，滋养学生的心灵。基于此，学校以"让智慧的阳光滋养每个孩子的美丽心灵，让优良的习惯成就每个孩子的智慧人生"为基本理念，以"德育主题生活化，德育活动品牌化，德育哲理故事化，德育情感体验化，德育氛围教育化"为基本途径，通过智慧德育滋养每个学生。

（3）智慧教师，学生的智慧之缘。教师要做到善于思考、勤于动笔、勇于实践；始终保持一颗童心，保持生命的活力；永远爱学生，永远懂学生，才能打开童心的密码，找到教育的智慧方式。

（4）智慧课程，学生的智慧之路。从本源的意义上讲，课程就是要为学生铺筑一条促使自我成长的"跑道"，一条通向精神家园的"智慧"之路。

首先，阅读课程可开启学生的智慧。站在课程的高度、用科学的思维，精心设计开发阅读课程。坚持"晨诵、午读、暮省"的校园生活方式，开发多形式阅读机制，引领学生诵读，形成从低年级的大声读、借助共读手册阅读整本书，到中高年级的进行整本书的主题探讨式的阅读。通过讲绘本故事、诵读儿歌等方式，让善良、感恩、勇敢、自信、礼貌等美好元素从小根植于学生的心灵，通过启发思考、创造故事、绘画创作等方式培养学生的想象和创造力。其次，利用社团文化课程，促进学生个性发展。不断丰富课程实施的途径，最大限度地拓展学生学习与发展的课时空间，根据个体发展需求，设置了社团、沙龙、俱乐部、小组等，开展兴趣项目、特长发展等个性化课程，内容涉及科技、艺术、阅读、体育等众多领域。

（5）智慧课堂，学生的智慧之源。智慧课堂是以完善学生的人格成长、促进学生的智慧发展、提高学生的综合素质为目标的理想课堂。

课堂教学不是简单的知识学习过程，是师生共同成长的生命历程，是激情与智慧综合生成的过程。课堂教学改革就是要超越知识教育，从知识走向智慧，从培养"知识人"转为培养"智慧者"。

（6）智慧家长，学生的智慧之援。良好的家校关系是促进学生健康成长的重要举措，智慧型家长为 Z 小学实施智慧教育发展提供了强力支援。

通过开办家长课堂，培养智慧家长；举办家长开放日，让家长亲自走进课堂；开展丰富多彩的亲子活动，让良好的家校关系成为学校发展的外援力量。在家长委员会的大力配合下开展家校活动，既调动了学生与家长的积极性，也对学校智慧教育的持久发展起到了支撑作用。

四、反思与启示

Z 小学虽然在短短几年内取得了一定成绩，但是仔细回顾学校的特色办学之路，还存在以下亟待解决的问题。

（1）教育管理改革的领导机制建设尚不成熟，没有完整的体系分工，不利于今后工作的深入开展。

（2）办学目标笼统，不够具体，应进一步细化。

（3）课程建设有待进一步规范，突出智慧教育的特色课程项目，实现基础课程、拓展课程和选择性课程全覆盖。

第八章

诗人：让诗意栖居校园

人，当诗意地栖居。

是的，作为一名满怀诗意的校长，当你充满激情地生活，当你执着地工作和学习，当你获得一次次的进步和成长，你的眼前就会浮现伴着旋律的诗行。乡村小学里的每次鸟叫，每声虫鸣，每张孩子的笑脸，每轮升起的朝阳，每次高高举起的小手，都会使我觉得明媚灿烂。

于是，我会不自觉地用心把它记下，用诗歌来表达。

读诗是一种境界，写诗更需要一种情怀，让诗意栖居校园，是我作为一名乡村教育者的生活方式，诗歌让我学会了思考，学会了冷静。

诗意地行走在教育生活里，让梦想照进乡村，让乡村成为有梦、有诗意的地方，让自己成为一名有德、有志、有才情、有思想的教育逐梦人，用自己的学识、人格、阅历和激情影响教师和学生，点燃学生对真、善、美的追求和向往。

课堂 我生命成长的地方

每当清脆的铃声敲响，
浑身便充满了力量。
那方小小的三尺讲台，
吸引着众多游离的目光，
承载着我一生的梦想。

告别灯红酒绿的城市梦想，
独自来到宁静的家乡，
擎起父辈的希望。
扫过那一双双惊异的目光，
我把灵魂就此安放。

清晨，我用朝霞把孩子的眼睛擦亮；
夜晚，我用灯火点燃星辉。
三尺讲台上，
化作阳光照亮整个课堂，
携一缕春风拂过每张脸庞。

我愿做山间的那棵树，
风雨中站成孩子心中的模样；

我愿是家乡的一道风景，
引来无数好奇的目光，
于微风中散发醉人的芳香。

这里是海洋，
我要引领孩子们驶向远方；
这里是天空，
我要和孩子们一起飞翔，
唤醒他们对成长的渴望。

走进课堂，
我为迷途的孩子拭去迷茫；
走进课堂，
我让留守的孩子燃起希望，
在等待中静听生命拔节的声响。

无论做老师还是做校长，
无论健康还是身体有恙，
三十多个春秋里，
我始终是孩子心中的榜样，
风雨中坚毅地成长在那方。

你是我梦中的那片云

走近浩瀚无边的大海，
这里徜徉着教育的温暖和爱。
一束通向遥远的期待，
在初夏的晨风中渐渐绽开，
你是我梦中飞翔的蓝色地带。

爱是你的底色和本分，
你用微笑叩开孩子的心扉，
你用激励的话语让孩子绽放出光彩，
记忆里那条红围巾是否还在。

创新是你前行不变的姿态，
以生为本，以合承载，
在前行中赢得人们的爱戴，
在一次次掌声中赢得家长的信赖。

追求卓越是你最美的风采，
拥抱经典，奔赴未来，
匠心传承，甘于奉献。
你为孩子披上七色的霞彩，
在坚守与前行中奉献年华与青春。

听特教老师讲那春天的故事

为了把心中的梦画圆，
你的到来成了我许久的期盼。
清晨，
你悄然出现在校门前，
我欣喜地仰望着你的双眼，
宛若院子里那株盛开的玉兰。

我们静静地围坐在你身边，
心中荡起阵阵波澜，
你站在讲台前，
悦耳的声音萦绕在整个房间。

你从特殊教育的概念讲到设计个性化的教案，
那一幅幅鲜活的画面，
拨动着我的心弦。
坐在你面前，
我的内心受到深深震撼。

你的每句语言，
都像鲜花一般灿烂。

你用一个个故事，
点亮了整个春天。
站在你的天空下，
我的爱显得那么纤瘦与简单。

这是一个多么静美的春天，
我找寻着那些缺失的教育理念，
用自己的心灵续写新篇。
让飞翔的羽翼变得丰满，
让爱的青藤爬过双肩，
向着教育的最深最远处漫溯。

师德　一首最美的心灵诗篇

你是我心中的一座高山，
三尺讲台，方寸之间，
我用一生奋力攀登。
哪怕峭壁悬崖山高路远，
哪怕风雨兼程荆棘踏遍，
直到开花的杜鹃映红春天。

你是我眼中的长河水湾，
时而清亮见底照彻眉眼，
时而洪流滚滚浊浪滔天。
我在你的奔赴中冲刷历练，
将最美的时光沉淀，
心中从此涌起一股甘泉。

你是风标矗立在高高云端，
诠释着师者的风流与伟岸。
这里有全国教育的师德模范，
也有警钟长鸣的师德失范，
经过岁月的洗礼与挑战，
我把目光投向了淡泊与高远。

你是一条不可逾越的红线，
深刻在为师者的字里行间。
在举手投足的课堂校园，
将正义与邪恶阻断，
把责任与使命扛上双肩，
用爱浇灌着孩子的心田。

师德，一首最美的心灵诗篇。
让理想从此更加丰满，
让夜晚总是灯火斑斓，
让每个黎明走向朝霞满天。

我愿是山村的那棵树

你独自俏立于辽阔的原野，
头顶日月，
脚傍村落。
在每个日出日落的时节，
看炊烟袅袅，听潮起潮落，
任山风从身边瑟瑟划过。

你独自俏立于辽阔的荒野，
头顶星河，
脚踩山坡。
从夕阳西下的时刻，
看星光点点，听晚风吹过，
默默品尝着孤独与寂寞。

忍受着夏季干涸，
领略过秋风的萧瑟，
走过寒冬的凛冽，
终于迎来了春天的生机与蓬勃。
森林是你的部落，草原为你欢歌，
温暖的阳光洒遍片片树叶。

请留一份寂寞和孤独于我，
让内心从此宁静与淡泊。
请留一份沉静和空旷于我，
让灵魂从此渗入山泉的清洌。
请留一份坚韧和不羁于我，
让生命从此归于土地的肥沃。

我愿是山村的那棵树，
生于贫瘠，却朝向肥沃，
站在荒野，却不甘寂寞，
看似渺小，却并不柔弱。
独自站成一抹绿色，
去演绎春天那个不老的传说。

读书节　一场最美的盛会

在光怪陆离的灯光里，
在茶香飘荡的五月里，
你用展演诠释着阅读的魅力。
从此，
一段段文字变成了一个个生动的故事。

随着音乐缓缓响起，
舞台上走来一群轻歌曼舞的孩子。
在每个剧目的情节里，
无不透露着孩子们的创意。

舞台是孩子们欢乐的天地，
声光映衬着剧情的变化离奇。
在一双双求知的目光里，
你以满腔的热情演绎着故事的主题，
把整本书阅读展现得淋漓尽致，
让孩子们遇见了更好的自己。

忘不了灯光下妈妈陪读的影子，
是她把母爱融进了一行行文字；

忘不了讲台上老师的耐心启迪，
是他把一个个故事化作对你的希冀；
忘不了小伙伴们争得面红耳赤，
那是为了让主人公的命运不再颠沛流离。

阅读是为了遇见更美的自己，
虽相隔千里，心却近在咫尺。
阅读让生活充满了诗情画意，
虽身居严冬，却满目芬芳桃李。
阅读是滋养精神的最佳方式，
让生命在经典中不断丰盈自己。

追光的脚步

窗内，茶韵飘香；
窗内，激情飞扬。
携一缕午后的时光，
与你一同把追光的日子分享。

站在舞台的中央，
着一身红装，
你用爱诠释着师德的力量。

迎着每一轮朝阳，
你尽数班级管理的道道锦囊。
擎起稚嫩的臂膀，
书写着成长的快乐与迷惘。

给你一个舞台，让你尽情绽放；
送你一点阳光，你会把世界照亮。
和乐的教育思想，
预示着未来更高更远的飞翔。

让我们携手行走在校园茶乡，
用激情唤醒心中的渴望，
在风雨中坚毅地前行。

梦想　在奋斗中闪光

迎着清晨的第一缕霞光，
和着孩子们快乐的歌唱，
你亮丽的身影闯进我的心房，
那熟悉的声响，
重新点燃我沉寂已久的梦想。

行走在茶乡小镇的大街小巷，
梦想是一双无形的翅膀，
是你用一身的执着和坚强，
诠释了对教育的一片向往。

我的天空有一朵云在飘荡，
记忆里的点点滴滴在疯长，
那是我曾经远航的方向。
在与你的长途跋涉中，
我却留在了避风港。

创新是你施教的力量，
朴素的话语闪烁着智慧的光芒。
初登讲堂的你，

以四块糖的故事聚焦了孩子的目光，
孕育了爱的教育思想。

学具流动超市的设置与推广，
改变了乡村教育的穷山与僻壤。
让孩子们从此走进丰富的课堂，
为科学教育插上了腾飞的翅膀。

一条红围巾在深冬里飘扬，
那是你为孩子编织的人生梦想。
面对获得的一枚枚奖章，
你说，
孩子的进步才是对你最大的奖赏。

【案例链接】

诗意校园 润泽生命成长

一、背景与起因

B校是一座拥有丰富文化底蕴的小学，学校北依风光旖旎的圣公山，南傍蜿蜒秀丽的绣针河，风清气正，人杰地灵，相传《三字经》中的"昔仲尼，师项橐"的典故就源于此。

近年来，随着对优秀传统文化的重视，学校在校长的引领下，积极响应区教育局号召，以"诗意校园 润泽生命成长"为主题，大力开展诗词教育工作，通过诗词教育进一步弘扬祖国传统文化，优化教师的师德修养，提高学生的人文素养。

二、过程与做法

（一）加强领导，科学规划

在组织上，校长亲自挂帅，将诗词教育列入学校工作计划，明确规定了诗词教育工作的指导思想和工作目标：一是学校依托"仁智"教育品牌，"以诗促教，以诗激趣，以诗益智，以诗育人"；二是建构多样的诗词教育文化形象和诗意的教育生活；三是让学生徜徉在诗歌的海洋里，富有想象，敢于创造。

（二）诗香校园，诗意氛围

学校结合校园建筑特点，融知识性、教育性为一体，精心打造了诗词文化墙、诗词板报、诗词主题作业等一系列诗词文化。

在里仁楼三楼东连廊打造诗词长廊，展示学生诗画作品；校园电子屏滚动播放"每周一诗"。每天放学时，各班边走边诵诗，整个校园俨然正在举办一场赛诗会，成为一道亮丽的风景线。同时，成立山水诗社，从内部装饰到墙壁文化，都体现了高雅的诗词文化氛围。另外，班级诗词板报、红领巾广播站、学生诗词手抄报、诗词考级、校园诗词大赛，成为学生诗词诵读、创作展示的大舞台。

（三）诗美课程，诗韵流香

课堂是诗化的课堂，是生命与生命的交流，心灵与心灵的碰撞。学校编写了校本教材《美诗》，涵盖了《义务教育语文课程标准》所推荐的小学阶段所有背诵篇目。同时，采用"六部曲"进行诗词教学，即"诵诗、赏诗、唱诗、绘诗、演诗、写诗"，增强了师生对诗词的认识、兴趣和热爱。

诗词教学研讨会，聚焦古诗词教学，探讨教材中古诗词教学的有效途径，让学校全体语文教师理清了古诗词教学的思路，明确了今后的教学方向。

"诗香假日"活动，让学生打卡、自学、背诵，增强了学生的诗词文化底蕴，陶冶了学生的情感，提升了学生的精神文化境界。

（四）诗情活动，师生共长

诗词考级活动。以《美诗》为基础，每学期每个学生学习二十首以上古诗词，学期末参加一次诗词考级活动。考级由学生申报，家长、同学、老师共同评定，最后由学校进行统一抽查验收，推选出一批"古诗考级小达人"和"古诗诵读优秀班级"。

开展诗词诵读比赛活动。利用传统节日，举行诗词朗诵活动。每年在班级内初赛的基础上，推选优秀选手参赛，经过抢答题、诗词接龙、飞花令等环节，进入冠军争夺赛，赛场精彩纷呈，激励全体学生更加积极地投入诗词诵读的学习中。

开展丰富多彩的诗社活动。组建了山水诗社，招收爱好诗词的师生社员，聘请校内外优秀师资，组织丰富多彩的诗词创作、吟诵、赏析、展示等活动，扩大了诗社成员的眼界与视野，创作推出了一部分优秀诗词作品。

开展诗词培训活动。校长亲自举办"诗词格律入门"讲座，介绍诗词创作的基本知识，很多学生在诗词创作方面获得了不小的进步。

三、成效与启示

一是师生精神面貌变化大。爱国爱家爱校，团结友爱、助人为乐、文明有礼，成为师生的新规范，一个充满诗情画意、人际和谐、生机活力的精神乐园展现在学生面前。二是社会评价变化大。学生家长、社会群众、上级组织对学校办学水平有了很高的评价，他们一致认为诗词教育活动丰富了学生的人文素养，提升了学生的综合素质。

"佳文古韵香满路，经典美诗育新人。"在开展诗词进校园一段时间后，教师在成长、学生在进步。如今的校园，是诗词的校园，到处能感受到诗词的气息，形成了"人人会背诗，人人能写诗"的氛围。学校在市、区级诗词诵读比赛中多次获奖，其中一名学生参加了《中国诗词大会》第六季山东省海选，二十多名学生在"国学小名士"比赛中获奖。

诗词教育工作的实践探索，让B校品尝到了丰收的喜悦。我们相信，只要有热情，一定能培育出成熟的种子；只要有恒心，一定能孕育出丰硕的果实。今后，学校将继续加强多方面的实践与学习，争取在诗词创作上有更多的作品，作品有更高的质量，在诗词教育的道路上迈出更坚实有力的步伐。